TEREZA PAIM | SONIA ROBATTO

NA MESA DA BAIANA

RECEITAS, HISTÓRIAS, TEMPEROS E
ESPÍRITO TIPICAMENTE BAIANOS

São Paulo – Editora Senac São Paulo, 2018

SUMÁRIO

Prefácio – Jeane Passos de Souza [7]
Apresentação [11]
Tabelas de equivalências [12]

O tabuleiro da baiana tem... [17] Acarajé [18] Abará [21] Vatapá de inhame [22] Molho de pimenta para acarajé [25] Bolinho de estudante [26] Cocada-puxa [29] Doce de tamarindo [30]

Culinária afro-brasileira [33] Caruru [34] Arroz de Hauçá [37] Efó [38] Feijão-fradinho no dendê [40] Farofa de dendê [43] Ipetê [44] Xinxim de galinha [47]

Moquecas [49] Moqueca de arraia [50] Moqueca de camarão [52] Moqueca de ostra [54] Moqueca de carne [56] Moqueca de ovo [57] Moqueca de peixe [58] Moqueca de polvo [60] Moqueca de siri-mole [61] Moqueca mista [63] Moqueca de vegetais [64] Pirão de moqueca [65]

Na mesa do baiano [67] Anduzada [68] Bobó de camarão [71] Feijoada baiana [73] Frigideira de siri com maturi [74] Fumeiro acebolado com laranja [77] Escaldado de peru [79] Malassada [81] Maxixada [82] Pão delícia [84] Polvo ao vinagrete [87]

Sertão baiano e suas comidas [89] Assado de carneiro [93] Assado de porco [94] Carne de sol com pirão de leite e feijão-de--corda [96] Cortadinho de quiabo com abóbora [99] Ensopado de carneiro [100] Farofa d'água [102] Fígado de carneiro assado no redém [104] Meninico de carneiro com pirão [106]

Festas de largo [108] Bolinho de mandioca, carne-seca e queijo coalho [113] Bolinho de peixe [115] Caldinho de feijão [116] Caldinho de mariscos [118] Caldinho de mocotó [119] Caldinho de sururu [121] Casquinha de siri [123] Maniçoba [125] Molho lambão [127] Rabada com pirão de bredo [128] Sarapatel de porco [131] Mingau de carimã [132] Mingau de tapioca [133]

Viva São João! [134] Arroz-doce [139] Amendoim cozido [140] Bolo de aipim [143] Bolo de puba [144] Bolo de tapioca [146] Canjica de milho verde [149] Cuscuz de tapioca [151] Mugunzá [152] Pamonha de milho (doce) [155] Licor de jenipapo [156] Licor de passas [156] Sequilhos de nata [158] Sequilhos de goma [161]

Nossos doces bárbaros [163] Ambrosia [165] Compota de banana cortadinha [166] Doce-puxa de caju com castanha [169] Cocada de forno [171] Compota de abacaxi em rodelas [172] Compota de caju [175] Compota de goiaba [177] Pudim de tapioca com calda de espumante e especiarias [178] Quindim [181]

Receitas de base [182] Caldo de camarão [184] Caldo de legumes [185] Caldo de peixe [186] Caldo de carne [188] Polvo base [189]

Fim de uma viagem e início de outra... [191]
Língua popular baiana [192]
Sobre as autoras [199]

PREFÁCIO

Quando as autoras me pediram para escrever sobre este livro, senti um frio na barriga. Mas foi um friozinho de emoção, carinho e gratidão por poder falar um pouco da minha terra e por fazer uma viagem significativa às lembranças cheias de afeto de minha infância e mocidade.

Como digo, fui nascida e criada na Bahia. Bahia do sertão, do Recôncavo e do litoral. E é essa completude de cultura que o livro nos traz por meio de suas revelações culturais, de suas receitas e de seus ingredientes.

Ingredientes que tanto conheço e receitas que aprendi a fazer nas cozinhas das casas da minha avó no Recôncavo e da minha mãe em Salvador. O caruru, o vatapá, as moquecas, o acarajé: todas transmitidas "de boca" e "de olho", sempre tendo o dendê como ingrediente principal. O importante era não passar do "ponto".

Aliás, este sempre foi o grande segredo: "o ponto"! Tanto nas comidas de origem africana quanto nas de origem portuguesa. Uma das que mais lembro é a ambrosia da vovó Alzira: desde menina eu queria aprender a fazer. O ponto era perfeito. Ela dizia que o doce estava no ponto quando começava a formar os aljofres.

E foi assim que aprendi qual era o ponto de muitos quitutes: olhando, admirando, encantada com as cozinhas das casas da minha vida. Com *Na mesa da baiana*, pude reviver muito desse encantamento ao relembrar algumas receitas e aprender outras tantas. E as revelações culturais? Me entreguei a todas...

As características culturais de um povo estão sempre presentes em sua culinária de uma forma ou de outra. Na Bahia, essa associação é ainda mais acentuada: a cultura é uma das facetas mais marcantes e é também a base de toda a arte de cozinhar e de comer do baiano. Os ingredientes típicos e as maneiras de misturá-los e transformá-los em pratos saborosos e únicos adquirem um caráter especial, quase místico, que remete sempre às raízes tão miscigenadas do baiano e às suas tradições, passadas de geração em geração.

Dessa forma, ao propor uma viagem que traz desde os quitutes dos tabuleiros das baianas, passando pelos pratos típicos, sempre presentes nas mesas dos baianos, até chegar aos específicos do sertão e àqueles comidos principalmente nas ruas, nas contagiantes festas de largo e na de São João, este livro oferece, mais do que um apanhado de receitas, um verdadeiro convite para viver a aventura da culinária baiana, com a alegria das suas mesas e a mágica da sua cozinha.

Ao final, é proposto também um divertido glossário da "língua popular baiana", fechando o livro com mais detalhes interessantes e descontraídos que o leitor certamente só encontrará na Bahia.

O Senac São Paulo, em parceria com Tereza Paim e Sonia Robatto – duas autoras renomadas e representantes desse caloroso espírito baiano –, apresenta com *Na mesa da baiana* um lançamento que celebra a Bahia, a cultura, a história brasileira e a gastronomia de uma só vez.

Jeane Passos de Souza

GERENTE DA EDITORA SENAC SÃO PAULO

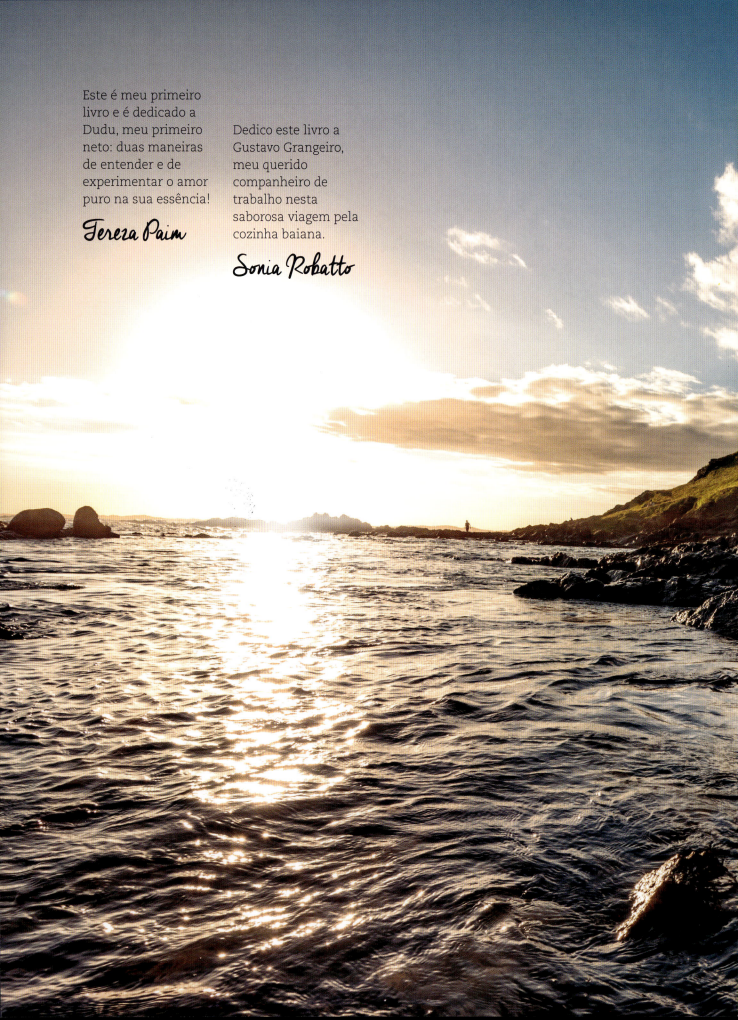

Este é meu primeiro livro e é dedicado a Dudu, meu primeiro neto: duas maneiras de entender e de experimentar o amor puro na sua essência!

Tereza Paim

Dedico este livro a Gustavo Grangeiro, meu querido companheiro de trabalho nesta saborosa viagem pela cozinha baiana.

Sonia Robatto

APRESENTAÇÃO

A culinária baiana é uma mistura de culturas, conceito fundamental para o entendimento da miscigenação do seu povo e do sabor da sua comida.

Nas cozinhas das casas-grandes dos colonizadores portugueses se encontraram a cunhã indígena com a mucama africana e a cozinheira portuguesa. E nesse encontro misturaram-se temperos e ingredientes, como o azeite de oliva (chamado de azeite doce), o azeite de dendê (que vem de uma palmeira africana), as pimentas e especiarias, e muitos outros elementos...

Essa culinária própria se desenvolveu principalmente numa região chamada Recôncavo baiano, no fundo da Baía de Todos os Santos, às portas do sertão. É uma grande região, com muitos rios navegáveis, cujos braços de água se lançam na baía.

Durante muitos anos, quase todos os ingredientes da alimentação baiana vinham do Recôncavo para Salvador, em lindos barcos à vela, os grandes saveiros, que traziam galinhas, perus, bacorinhos, verduras, frutas, farinha de mandioca, louças de barro... As mercadorias eram desembarcadas na Cidade Baixa, na Rampa do Mercado, na feira de Água de Meninos, ou na Cidade Alta, no Porto da Barra. Nos solares dos engenhos de açúcar do Recôncavo baiano, misturaram-se ainda os doces conventuais de Portugal com as cocadas brancas, as cocadas-puxa e as queijadas dos tabuleiros das nossas baianas. O que sobrava da casa-grande passava a ser servido nas senzalas, e o azeite de dendê passou a colorir os ensopados portugueses. Os aipins indígenas (macaxeiras) também estavam presentes na mesa do senhor e na do escravo, na forma de farinha de mandioca.

Assim nasceu a culinária baiana: de uma cozinha advinda do povo e da conciliação de hábitos distintos, que se expressa com riqueza cultural e também com simplicidade no fazer.

Com este livro, queremos convidar você, leitor, a participar do dia a dia das mesas baianas, conhecendo a culinária das nossas casas, das barracas das festas de largo e das oferendas dos terreiros dos candomblés da Bahia. Por meio das receitas, você também vai poder inventar uma festa na sua própria mesa com toda a alegria e o jeitinho baiano.

Que a sabedoria de Tereza Paim e de Sonia Robatto, e dos santos da Bahia de todos os santos, possam nos conduzir nessa viagem fraternal de sabores, com todo o AXÉ do nosso povo!

TABELAS DE EQUIVALÊNCIAS

As quantidades usadas neste livro geralmente estão indicadas em gramas, quilos, litros e mililitros para proporcionar maior precisão ao medir os ingredientes. Mas, se você não tiver uma balança ou outro instrumento, ou ainda se não gostar de calcular essas medidas na hora de cozinhar, não "se avexe" não! A seguir estão algumas equivalências (aproximadas) das medidas usando xícaras, colheres e outras unidades – dessa forma, você pode escolher o método que achar melhor e garantir comidinhas deliciosas.

Legumes, ervas e hortaliças

200 g	1 cebola média
120 g	1 pimentão pequeno
225 g	1 tomate médio
8 g	1 dente de alho
30 g	1 pimenta dedo-de-moça grande
20 g	1 pimenta-doce
10 g	1 pimenta-malagueta
100 g	1 talo de alho-poró médio
5 g	1 ramo de coentro
90 g	1 maço pequeno de coentro
5 g	1 talo de cebolinha
90 g	1 maço pequeno de cebolinha
60 g	1 ramo de salsão

Sal

5 g	1 colher de café
20 g	1 colher de sopa

Açúcar cristal

3 g	1 colher de chá
9 g	1 colher de sopa
140 g	1 xícara

Frutas (suco)

50 mℓ	1 limão médio
80 mℓ	1 laranja média

Azeite, óleo ou dendê

15 mℓ	1 colher de sopa
200 mℓ	1 xícara

Outros líquidos

2,5 mℓ	1 colher de café
5 mℓ	1 colher de chá
10 mℓ	1 colher de sobremesa
15 mℓ	1 colher de sopa
60 mℓ	¼ de xícara
100 mℓ	½ copo americano
125 mℓ	½ xícara
135 mℓ	1 cálice
180 mℓ	¾ de xícara
200 mℓ	1 copo americano
250 mℓ	1 xícara ou 1 copo de requeijão

Manteiga e banha animal

4 g	1 colher de chá
12 g	1 colher de sopa
200 g	1 xícara

Farinha de mandioca

3 g	1 colher de chá
5 g	1 colher de sobremesa
9 g	1 colher de sopa
150 g	1 xícara

Coco ralado fresco

2 g	1 colher de chá
4 g	1 colher de sobremesa
7 g	1 colher de sopa
100 g	1 xícara

Da esquerda para a direita, de cima para baixo: pimenta-cumarim, pimenta-de-cheiro, peixe seco, limão, aipim (mandioca), cebola, coco seco, abóbora, panelas do Recôncavo, tamarindo, cacau, urucum, pimenta-malagueta, pimenta seca, açafrão-da-terra.

Da esquerda para a direita, de cima para baixo: pimentas, seriguela, pimenta-malagueta, cambuí, camarão seco, banca de quiabos da dona Leda, banca de dendê, caju, noni, fruta-pão, pimenta-biquinho, hibisco, pimenta-de-cheiro, pimenta-cumarim, banana-da-terra.

Meu santo, você já foi à festa das baianas de acarajé? Foi não? Então vá!

O Dia Nacional da Baiana de Acarajé é 25 de novembro. A festa de comemoração acontece no Pelourinho, na parte antiga de Salvador, mais especificamente na Igreja do Rosário dos Negros. Só as baianas entram na igreja...

A missa começa e as baianas cantam alegremente em língua africana. O povo espia pelas portas.

Até que chega um momento emocionante...

Na hora do ofertório, duas baianas se levantam e levam a bandeja de acarajé até o altar. O padre recebe os acarajés e a missa continua, com os cantos alegres das baianas.

O TABULEIRO DA BAIANA TEM...

Confraternização é a palavra. Tudo é possível nas terras da Bahia!

A missa acaba e as baianas se espalham em torno da igreja. Aí a missa se transforma numa festa, com muita música, muita dança, vendedores ambulantes, mercando aos gritos as suas gulodices:

– Paga dois e leva três! Quem vai querer?

As baianas de acarajé são tão importantes na Bahia que têm seu ofício considerado hoje um patrimônio nacional, tombado pelo Iphan (Instituto do Patrimônio Histórico e Artístico Nacional) no âmbito do patrimônio imaterial.

Nos seus famosos tabuleiros, você encontra uma porção de delícias. Se ainda não as conhece, venha conhecer algumas agora!

– O que será que o tabuleiro da baiana tem?
– Será que tem acarajé, minha tia?
– Oxênte, rapaz, claro que tem!
– Será que tem recheio bem gostoso?
– Tem de um tudo, meu nego...
  Vatapá, camarão seco defumado, salada!
– Será que tem cocada-puxa, baiana?
  Abará, bolinho de estudante?
– Rapaz, o meu tabuleiro é de Iansã,
  feito com preceito,
  tudo como deve ser...
– Eparrei! Minha mãe!

Acarajé

RENDIMENTO: 8 porções
TEMPO DE PREPARO: 2 horas + 12 horas de molho do feijão

500 g de feijão-fradinho
50 g de cebola branca ralada
Sal a gosto
2 ℓ de azeite de dendê (para fritar)
1 cebola branca média com casca (para fritar)

1. Bata o feijão rapidamente no liquidificador em modo pulsar para quebrar os grãos. Em seguida, coloque-o em uma tigela coberta com água e deixe de molho de um dia para o outro (ou por pelo menos 3 horas).
2. Com as mãos, solte as cascas do feijão, que vão boiar na água, e retire-as com uma peneira.
3. Escorra a água e leve o feijão ao multiprocessador para triturar e fazer a massa. (Você também pode usar um liquidificador ou ainda a velha máquina de moer.)
4. Acrescente a cebola ralada e o sal ao feijão e bata novamente até formar uma massa bem fofa, bastante aerada. Nessa etapa você pode usar a batedeira ou mesmo uma colher de pau.
5. Com a ajuda de duas colheres de sopa, faça pequenos bolinhos de massa, passando-os de uma colher para a outra, para modelar os acarajés.
6. Em uma panela funda, leve o azeite de dendê ao fogo alto com a cebola inteira com casca (que ajuda a não queimar o azeite) até ferver.
7. Coloque os bolinhos (acarajés) no azeite quente, sem mexer. Espere estarem fritos por baixo para virar, senão eles ensopam de azeite.
8. Depois que estiverem fritos de todos os lados, retire os acarajés da panela e sirva ainda quentes.

DICAS

- Você vai precisar de um pouco de prática para modelar os acarajés. Não se aborreça se os primeiros esparramarem no azeite e ficarem parecendo um "bolachão" frito... Devagar se vai longe!
- A baiana sempre testa sua massa fritando um pequeno acarajé primeiro para ver se está suficientemente aerado.
- Antes de virar os acarajés, pode-se colocar um camarão seco defumado na massa. Fica bem bonito!
- O acarajé costuma ser servido nas ruas com vatapá (receita na pág. 22) e salada vinagrete de tomates verdes. Que tal usar esses acompanhamentos?
- Se estiver na Bahia, você pode comprar seu feijão já lavado e moído, congelado para viagem, em qualquer mercado de abastecimento. Nos supermercados também é possível encontrar a massa do acarajé desidratada para levar.

CURIOSIDADES

- O acarajé é a comida baiana mais conhecida pelos turistas que vêm visitar a cidade de Salvador. Antigamente, essa receita só podia ser feita pelas filhas de santo do orixá Iansã (Santa Bárbara). Agora não existe mais essa exclusividade. Entretanto, o acarajé continua sendo vendido nas praças da cidade por baianas vestidas com suas lindas roupas bordadas. E o perfume do dendê se espalha por toda parte...
- Nos tabuleiros das baianas, é comum ver miniacarajés junto dos grandes. Esses pequenos são feitos primeiramente como oferenda para o orixá e para garantir que se terá um dia farto, com boas vendas. Normalmente, as baianas dão os miniacarajés para as crianças.

CURIOSIDADES
- O abará também é oriundo da chamada cozinha de santo, isto é, das comidas oferecidas aos orixás no candomblé. Assim como o acarajé, ele faz parte dos tabuleiros das baianas e também pode ser oferecido aos orixás Iansã, Obá e Ibeji (entidades mirins).
- Existem registros de que, no século XVI, o feijão utilizado para fazer abarás e acarajés era ralado em uma pedra.

Abará

RENDIMENTO: 8 porções
TEMPO DE PREPARO: 2 horas + 12 horas de molho do feijão

500 g de feijão-fradinho
100 g de cebola branca ralada
50 g de camarão seco, com a cabeça e sem os olhos, triturado
8 g de gengibre ralado
70 ml de azeite de dendê
Sal a gosto
1 folha de bananeira desidratada

1. Bata o feijão rapidamente no liquidificador em modo pulsar para quebrar os grãos. Em seguida, coloque-o em uma tigela coberta com água e deixe de molho de um dia para o outro (ou por pelo menos 3 horas).
2. Com as mãos, solte as cascas do feijão, que vão boiar na água, e retire-as com uma peneira.
3. Escorra a água e leve o feijão ao multiprocessador para triturar e formar uma massa fina. (Você também pode usar um liquidificador ou ainda a velha máquina de moer.)
4. Acrescente a cebola, o camarão, o gengibre, o dendê e o sal à massa do feijão. Usando uma batedeira ou uma colher de pau, bata até que ela cresça e fique bastante aerada.
5. Corte a folha de bananeira em retângulos de aproximadamente 10 cm x 6 cm.
6. Enrole uma ponta de cada retângulo para formar cones. Preencha-os com a massa do abará e dobre a outra ponta para fechar.
7. Arrume os cones em uma cuscuzeira e leve para cozinhar no vapor por 40 minutos em fogo alto.
8. Retire do fogo e sirva os abarás quentes ou frios.

DICAS

- Assim como o acarajé, o abará também costuma ser servido nas ruas com vatapá (receita na pág. 22) e salada vinagrete de tomates verdes.
- Se sobrar, você pode guardar os abarás para comer depois: é um prato que congela muito bem.

Vatapá de inhame

RENDIMENTO: 4 porções
TEMPO DE PREPARO: 1 hora e 30 minutos

400 g de inhame cru, descascado e picado
400 mℓ de caldo de peixe (receita na pág. 186)
40 g de cebola branca picada
150 mℓ de leite de coco
30 g de castanha-de-caju sem sal e triturada
30 g de camarão seco e triturado, sem os olhos
30 g de amendoim sem casca, sem sal e triturado
Sal a gosto
8 g de gengibre ralado
30 mℓ de azeite de dendê

1. Em uma panela, leve o inhame e o caldo de peixe ao fogo médio, deixando cozinhar até que o inhame fique bem mole.
2. Retire do fogo e passe o inhame pelo multiprocessador para triturar, formando uma massa. Reserve.
3. Bata a cebola com o leite de coco, a castanha, o camarão seco e o amendoim no liquidificador.
4. Leve essa mistura ao fogo com a massa do inhame, adicionando o sal, o gengibre ralado e o dendê.
5. Mexa vigorosamente até dar o ponto, isto é, até quando a massa estiver soltando do fundo da panela.
6. Retire do fogo e sirva ainda quente ou em temperatura ambiente.

DICA
- Essa receita é feita com inhame da Bahia, que é o cará do sul do Brasil. Você pode substitui-lo por fruta-pão ou batata-doce, seguindo a mesma orientação de cozimento.

CURIOSIDADES
- O vatapá é um prato que acompanha muitos dos banquetes dos orixás. Ele também é servido com acarajé e abará nas ruas, nos tabuleiros das baianas.
- Muitos outros estados brasileiros fazem esse prato usando ingredientes diferentes; por exemplo, substituindo o inhame por pão amanhecido ou farinha de trigo. No sertão da Bahia, ele ganha o coquinho de pindoba no seu preparo, que também fica uma delícia.
- Há quem diga que é um prato resultante de adaptações da açorda portuguesa, miscigenada com a cultura afro. O inhame está para o africano assim como a mandioca está para o brasileiro, ou seja, é um ingrediente base da matriz alimentar.
- Tanto o inhame quanto a fruta-pão são considerados superalimentos, ricos em proteínas, carboidratos e vitaminas.

Molho de pimenta para acarajé

RENDIMENTO: 700 g
TEMPO DE PREPARO: 20 minutos

200 g de pimenta-malagueta seca e bem moída
30 g de pimenta dedo-de-moça sem sementes picadinha
400 g de cebola branca picadinha ou ralada
50 g de alho amassado
30 g de camarão seco moído sem os olhos
300 mℓ de azeite de dendê
6 g de sal grosso

1. Coloque todos os ingredientes em uma panela, misture bem e leve ao fogo baixo por 20 minutos, mexendo sempre.
2. Desligue o fogo e sirva o molho quente ou frio dentro dos acarajés e abarás.

DICAS
- Quanto mais seca estiver a pimenta, mais picante será o molho.
- Se usar a pimenta fresca, dobre o tempo de cozimento e a quantidade de pimenta, pois ela perderá água.

CURIOSIDADES
- Para o baiano, como regra geral, todo "molho" é de pimenta. Os que são feitos de carne, frango e peixe, que nos demais estados também são chamados de molhos, na Bahia são chamados de "caldos" – sejam eles caldos ralos, sejam caldos ricos (grossos).
- A verdadeira pimenta do molho dos tabuleiros das baianas é a malagueta.

Bolinho de estudante

RENDIMENTO: 10 porções
TEMPO DE PREPARO: 1 hora

MASSA
100 ml de leite
50 ml de leite de coco
150 g de tapioca quebrada
100 g de coco seco limpo e ralado fino
3 g de sal
90 g de açúcar

Óleo (quanto baste para fritar por submersão)
80 g de açúcar misturado com canela em pó a gosto (para a finalização)

1. Em uma tigela, misture bem todos os ingredientes da massa e deixe descansar por 20 minutos.
2. Em uma panela ou frigideira funda, aqueça o óleo a 90 °C.
3. Enrole pedaços da massa, formando bolinhos, e frite-os submersos no óleo quente.
4. Retire os bolinhos da panela e deixe escorrer sobre um papel-toalha para retirar o excesso de óleo.
5. Em seguida, passe os bolinhos na mistura de açúcar com canela em pó para finalizar.
6. Sirva os bolinhos quentes (bem crocantes) ou frios (mais macios).

DICAS
- Para saber se o óleo está quente o suficiente para fritar, coloque um palito de fósforo dentro: quando ele acender, significa que o óleo está no ponto!
- Você pode enrolar os bolinhos e congelá-los para fritar depois; basta tirar do congelador e deixar na geladeira por 4 horas antes da fritura. Outra opção é colocar a massa em uma assadeira, levar para gelar e depois cortar em quadradinhos antes de fritar.
- Também é possível rechear os bolinhos com pedaços de queijo coalho. Fica uma delícia!

CURIOSIDADE
- O bolinho de estudante é um quitute frito da culinária afro-brasileira muito comum nos tabuleiros das baianas, que os vendem nas ruas de Salvador. É conhecido desde o tempo das negras de ganho, as escravas alforriadas que iam às ruas vender quitutes para tirar seu sustento. Como sempre foi barato, ficou conhecido como bolinho de estudante, mas antigamente era chamado de "bimbinha de ioiô", por ser adorado pelos ioiôs (meninos) da casa-grande.

Cocada-puxa

RENDIMENTO: 10 porções
TEMPO DE PREPARO: 1 hora

1 kg de rapadura picada
1 lasca de canela em pau
220 ml de água
10 g de gengibre ralado
500 g de coco fresco ralado grosso
50 g de coco em lascas finas com casca
50 ml de suco de limão coado

1. Em uma panela funda, leve a rapadura picada, a lasca de canela e a água ao fogo médio, mexendo para dissolver.
2. Adicione o gengibre, o coco ralado e as lascas de coco e mexa para misturar bem.
3. Quando levantar fervura, baixe o fogo, mexendo sempre até a mistura começar a soltar no fundo da panela.
4. Junte o suco do limão, mexa bem e desligue o fogo.
5. Sirva a cocada em temperatura ambiente.

DICA
- Nunca coloque na geladeira, senão sua cocada vai ficar tão dura que você não vai conseguir comer!

CURIOSIDADE
- Quando se diz na Bahia "fulano é meu cocada" ou "fulana é minha cocada", significa que a pessoa foi o seu cupido, fez seu namoro com alguém – ou seja, que ela ajudou a formar o casal.

Doce de tamarindo

RENDIMENTO: 6 porções
TEMPO DE PREPARO: 3 horas + 24 horas de molho dos tamarindos

400 g de tamarindos maduros com a casca
300 g de açúcar demerara
100 g de inhame descascado e picado
Água (quanto baste)

1. Descasque os tamarindos e coloque-os de molho em uma tigela cobertos com água. Deixe na geladeira de um dia para o outro (pelo menos 24 horas).
2. No dia seguinte, passe os tamarindos com a água por uma peneira, espremendo bem para tirar os caroços. Reserve.
3. Em uma panela com água fervendo, cozinhe os inhames até que fiquem bem moles.
4. Em seguida, escorra a água e amasse os inhames até formar um purê.
5. Em uma panela funda, leve o açúcar e a polpa de tamarindo ao fogo baixo, mexendo para misturar bem.
6. Quando começar a engrossar, adicione o purê de inhame e continue cozinhando em fogo baixo, mexendo sempre, até formar um creme escuro.
7. Desligue o fogo e retire o doce da panela.
8. Sirva frio.

DICAS
- Use tachos de cobre ou panelas de inox de fundo duplo para fazer o doce. Evite panelas de alumínio, pois elas mudam a cor da fruta com a oxidação do alumínio.
- O doce de tamarindo espirra muito quando a água atinge a fervura; por isso, use uma colher de cabo longo para mexer, ou você pode "ganhar de brinde" algumas bolhinhas de queimadura...

CURIOSIDADES
- O tamarindo é um potente laxante.
- Essa iguaria tem presença marcada nos tabuleiros das baianas nas ruas de Salvador, que fazem o doce com os caroços.
- O tamarineiro é uma árvore de presença obrigatória nos terreiros de candomblé, tida como sagrada. Há uma espécie que produz um tamarindo doce.

Na Bahia, a ancestralidade africana é muito expressiva. A capital baiana, por exemplo, é considerada a cidade mais negra fora do continente africano. Diante dessa realidade, não é difícil imaginar a influência dessa cultura no dia a dia do baiano.

A comida baiana não é só sinônimo de alimento, ela representa também a religiosidade de seu povo, sua forma de se relacionar, de receber as pessoas. Come-se para celebrar a vida, a amizade, os encontros e desencontros. Come-se para rezar, para limpar a energia, para agradecer às entidades por uma graça recebida.

No candomblé, por exemplo, a pipoca (flor de Omolu) é usada em certos rituais para limpar as energias negativas que se encontram nos devotos e fazer a abertura de seus caminhos na vida. Assim, jogam-se as pipocas sobre a cabeça das pessoas como se fosse um banho (do corpo e da alma).

O candomblé, com suas divindades, seus mitos e rituais, tem significados fundamentais para a gastronomia afro-brasileira. O Axé e todo o universo sagrado estão presentes na cozinha do candomblé: palavras, músicas e rituais realizados durante o preparo de cada comida trazem a força do sagrado de cada oferenda para a divindade. Toda essa tradição é baseada nos mitos da ancestralidade africana.

O culto dos orixás, feito há séculos, é considerado um dos mais antigos cultos religiosos de toda a história da humanidade. Nesses cultos busca-se encontrar o equilíbrio entre o ser humano e as divindades. A religião de orixá tem por base o segredo, e os ensinamentos são passados de geração em geração de forma oral.

Na Bahia, o sincretismo religioso se deu como forma de resistência da religião e da cultura africanas em relação ao catolicismo que era imposto pelos portugueses, nossos colonizadores. Por isso, os orixás na Bahia têm um respectivo santo católico associado a eles.

Assim fala o orixá: "Quem me dá de comer, também come". Obviamente, o santo não come como nós comemos; mas o alimento, no candomblé, é a forma de criar uma relação mais íntima entre o humano e a divindade. Depois de utilizado nos rituais, esse alimento é devolvido à natureza, como uma forma de fazer o ciclo da vida girar.

Não dá para separar o alimento da cultura baiana e muito menos da sua religiosidade africana.

CULINÁRIA AFRO-BRASILEIRA

Caruru

RENDIMENTO: 8 porções
TEMPO DE PREPARO: 1 hora e 30 minutos

60 g de castanha-de-caju sem sal
50 g de amendoim torrado, sem casca e sem sal
70 g de camarão seco sem os olhos
30 g de camarão seco sem a cabeça descascado
1,2 kg de quiabos
20 ml de azeite de oliva
100 g de cebola branca ralada ou passada no multiprocessador
8 g de gengibre ralado
100 ml de caldo de legumes ou de peixe (receitas nas págs. 185 e 186)
370 ml de leite de coco
80 ml de azeite de dendê
Sal a gosto

1. Junte a castanha, o amendoim e os camarões secos e passe-os no multiprocessador até virarem um pó.
2. Lave os quiabos e corte-os em rodelinhas ou em pedaços pequenos, desprezando a cabeça e o cabo. Não lave novamente depois de cortado, pois o quiabo solta uma baba.
3. Em uma panela, coloque o azeite de oliva e junte a cebola e o gengibre, levando ao fogo alto para refogar rapidamente. Em seguida, acrescente os quiabos.
4. Adicione o caldo de peixe ou o de legumes, o leite de coco e o dendê e deixe o quiabo cozinhar com os temperos ainda em fogo alto.
5. Vá colocando aos poucos o pó feito com a castanha, o amendoim e o camarão. Abaixe o fogo e mexa o mínimo possível, apenas para misturar, porque o quiabo solta muita baba.
6. Ajuste o sal. Quando os quiabos estiverem moles, o caruru estará pronto.
7. Desligue o fogo e sirva ainda quente ou morno.

DICAS

- O pó feito com a castanha, o amendoim e os camarões triturados pode ser guardado bem fechado por vários dias na geladeira ou no congelador.
- Para os alérgicos a camarão, substitua o camarão seco por lascas de bacalhau. Também é possível colocar caldo de bacalhau.
- Reza a tradição que, de tempos em tempos, você deve enfiar uma faca molhada em água gelada na mistura que está sendo cozida, para evitar que o quiabo solte muito a baba.

*Cosme e Damião,
vem comer seu caruru.
Eu ei de todo ano
fazer caruru pra tu.
Vadeia, Cosme
e São Damião...*

Você já foi a um Caruru? Já participou dessa festa religiosa tradicional? Eita! Foi não? Então vem pra cá!

Em setembro, os baianos festejam os santos gêmeos (Cosme e Damião) num banquete de comidas de dendê, no qual um dos pratos servidos leva o mesmo nome do evento.

Existem dois tipos de Caruru: o de preceito, que é uma oferenda especial para São Cosme e Damião, e o Caruru social, pretexto para uma festa com a família e os amigos e muita alegria na mesa.

O de preceito é dado por uma pessoa que está pagando uma promessa. É um agradecimento por uma atenção do santo. A gente paga a promessa com caruru e muitos doces, saquinhos de balas, cocadas...

Na culinária afro-brasileira, o prato chamado caruru deve ser feito seguindo um ritual, e a quantidade de ingredientes varia de acordo com a promessa: há carurus de duzentos quiabos, quinhentos quiabos, mil quiabos, dez mil quiabos e por aí vai...

O banquete do Caruru deve apresentar no mínimo sete pratos, que podem ser caruru, vatapá, feijão-fradinho com dendê, xinxim de galinha, arroz, rapadura, cana, pipoca, entre muitos outros. Tudo precisa ser preparado no mesmo dia em que se vai comer.

Os convidados mais importantes da festa são as crianças de até 7 anos. Sete delas se sentam em uma esteira colocada no chão, e no meio é colocada uma gamela contendo um pouco de cada comida.
A bagunça é grande, porque as crianças comem com as mãos. Os adultos cantam músicas dos rituais dos santos, enquanto as portas são abertas para que as pessoas entrem, em fila, para receber seu prato, e assim todos confraternizam. Para essa festa não precisa de convite: quem quiser pode vir buscar o seu prato e participar.

CURIOSIDADES

- Esse prato é uma derivação do arroz que é servido a Oxalá e Yemanjá nos rituais do candomblé.
- O povo Hauçá é composto principalmente por muçulmanos habitantes do norte da Nigéria. Na Bahia, eles também são chamados de malês, e chegaram ao Brasil como escravos no século XVIII. Na sua grande maioria, exerciam atividades livres (por exemplo, eram alfaiates, pequenos comerciantes, artesãos e carpinteiros), por isso eram conhecidos como negros de ganho – porém, ainda eram muito discriminados por serem negros e seguidores do islamismo. Foram eles que organizaram a Revolta dos Malês, um movimento que ocorreu na cidade de Salvador (na época, província da Bahia), em 1835, contra os portugueses, com o objetivo de dar fim à escravidão africana, à imposição do catolicismo e ao preconceito para com os negros.

Arroz de Hauçá

RENDIMENTO: 4 porções
TEMPO DE PREPARO: 40 minutos

50 ml de azeite de oliva
40 g de alho picadinho
4 folhas de louro
100 g de pimenta-doce picadinha
400 g de arroz branco
600 ml de caldo de legumes (receita na pág. 185)
Sal a gosto
300 ml de leite de coco
100 ml de azeite de dendê
240 g de cebola branca picadinha
20 g de pimenta dedo-de-moça picadinha
30 g de gengibre picadinho
400 g de carne-seca dessalgada e desfiada
100 g de camarão seco defumado

1. Em uma panela, aqueça o azeite de oliva em fogo alto e acrescente o alho, as folhas de louro e 30 g da pimenta-doce picadinha. Mexa bem e deixe refogar.
2. Adicione o arroz, mexa para misturar e deixe refogar mais um pouco.
3. Acrescente o caldo de legumes e o sal, tampe a panela e deixe cozinhar em fogo médio até o arroz ficar tenro.
4. Adicione o leite de coco e mexa mais um pouco suavemente.
5. Mantenha em fogo baixo até o que o arroz esteja bem mole, quase uma papa. Em seguida, desligue o fogo e deixe a panela tampada.
6. Em outra panela, leve o azeite de dendê, as cebolas picadinhas, 40 g da pimenta-doce, a pimenta dedo-de-moça e o gengibre ao fogo alto para refogar um pouco.
7. Adicione a carne-seca e frite até ficar sequinha. Reserve.
8. Deixe os camarões de molho em água fria por 15 minutos e depois escorra, seque e refogue-os rapidamente em um fio azeite de dendê com o restante da pimenta-doce.
9. Para a montagem do prato, molhe as bordas e o fundo de uma fôrma com um pouco de água e preencha-a com o arroz.
10. Desenforme o arroz em um prato e decore colocando por cima a carne-seca e os camarões refogados.

DICAS

- Se desejar, também pode decorar com uma pimenta inteira.
- Se tiver uma fôrma de vidro, você pode fazer o arroz no dia anterior e esquentar no micro-ondas. Isso o deixará mais compactado no prato.

Efó

RENDIMENTO: 8 porções
TEMPO DE PREPARO: 1 hora

100 ml de caldo de legumes (receita na pág. 185)
20 g de gengibre ralado
10 g de pimenta-malagueta
20 g de pimenta-doce
50 g de castanha-de-caju sem sal
50 g de amendoim torrado, sem casca e sem sal
100 g de camarão seco sem a cabeça e triturado

3 molhos (maços) grandes de língua-de--vaca
80 ml de azeite de dendê
300 g de cebola branca cortada em tiras finas
25 g de alho picadinho
370 ml de leite de coco
50 g de camarão seco descascado e sem cabeça
Sal a gosto

1. Em uma tigela, junte o caldo de legumes, o gengibre, a pimenta--malagueta, a pimenta-doce, a castanha, o amendoim e os camarões secos triturados. Passe a mistura no liquidificador até virar uma pasta e reserve.
2. Lave as folhas de língua-de-vaca e pique-as em tamanhos variados. Reserve.
3. Em uma panela, leve o azeite de dendê ao fogo médio com a cebola e o alho, refogando até a cebola suar.
4. Adicione a pasta obtida no liquidificador e o leite de coco, mexa e deixe levantar fervura.
5. Adicione os camarões secos descascados e as folhas de língua-de--vaca picadas.
6. Mexa o mínimo possível e, após ferver, ajuste o sal. (Não exagere: é bom lembrar que o camarão seco já tem sal.)
7. Desligue o fogo e sirva ainda quente.

DICA
- As folhas de língua-de-vaca podem ser substituídas por folhas de mostarda, taioba, espinafre ou bertalha.

CURIOSIDADES
- Efó é uma comida que se oferece a Oxum nos rituais do candomblé.
- Nas feiras da Bahia, algumas pessoas, ao comprar molhos (vários ramos amarrados) de hortaliças, pedem um "mói". E quando uma pessoa é muito ruim, é comum dizer: "fulano não vale um mói de coentro!".

Feijão-fradinho no dendê

RENDIMENTO: 4 porções
TEMPO DE PREPARO: 2 horas + 4 horas de molho do feijão

- 500 g de feijão-fradinho seco
- 2 folhas de louro
- ½ cebola roxa espetada com 8 cravos-da-índia
- 500 ml de caldo de legumes (receita na pág. 185)
- 80 ml de azeite de oliva
- 50 ml de azeite de dendê
- 250 g de cebola branca ralada
- 40 g de pimenta-doce picadinha
- 100 g de camarões secos defumados, sem os olhos e triturados
- Sal a gosto
- Água (quanto baste)

1. Em uma tigela, deixe o feijão-fradinho de molho coberto com água por 4 horas.
2. Escorra o feijão e leve-o para cozinhar em uma panela funda, juntando as folhas de louro, a cebola roxa espetada com os cravos e o caldo de legumes, até que os grãos estejam tenros.
3. Desligue o fogo, retire a água e reserve.
4. Em outra panela, aqueça os azeites e refogue rapidamente a cebola ralada, a pimenta-doce e os camarões triturados.
5. Por último, acrescente o feijão pré-cozido, refogando por mais 5 minutos.
6. Ajuste o sal, desligue o fogo e sirva ainda quente ou em temperatura ambiente, como preferir.

DICA
- Esse prato também fica delicioso com um pouco de gengibre ralado.

CURIOSIDADE
- Essa é a comida ritual oferecida a Oxum, divindade sincretizada na Igreja Católica com Nossa Senhora da Conceição da Praia. O prato também compõe a oferenda no banquete de Ibeji, os orixás gêmeos.

Farofa de dendê

RENDIMENTO: 4 porções
TEMPO DE PREPARO: 2 horas

250 g de cebola branca picadinha
50 g de alho picadinho
50 mℓ de óleo de girassol ou de milho
80 mℓ de azeite de dendê
500 g de farinha de mandioca
Sal a gosto

1. Em uma panela, leve a cebola, o alho e o óleo ao fogo baixo e deixe corar até chegar a uma cor marrom-clara.
2. Acrescente o azeite de dendê e a farinha, mexendo bem para misturar.
3. Ajuste o sal, baixe o fogo ao mínimo e deixe torrar, mexendo sempre até a farinha ficar bem crocante.
4. Desligue o fogo e sirva.

DICA
- Essa farofa pode ser feita em grande quantidade e mantida em um vasilhame bem fechado e abrigado da luz por pelo menos dois meses, sem risco de perder a qualidade.

CURIOSIDADE
- No candomblé, essa farofa não pode faltar nas oferendas a Exu – o dono das chaves e das portas, que abre os caminhos –, adicionada de camarões secos defumados.

Ipetê

RENDIMENTO: 6 porções
TEMPO DE PREPARO: 2 horas

1 kg de inhame descascado e picado
2 folhas de louro
1 ℓ de caldo de legumes (receita na pág. 185)
100 mℓ de azeite de dendê
240 g de cebola branca ralada
30 g de pimenta dedo-de-moça sem sementes
350 g de camarões secos defumados, sem os olhos e triturados
Sal a gosto

1. Em uma panela funda, leve o inhame ao fogo alto com as folhas de louro e o caldo de legumes. Deixe cozinhar até que fique tenro.
2. Coe o caldo, retire o inhame da panela e amasse, fazendo um purê grosso. Reserve.
3. Em outra panela, aqueça o azeite de dendê e refogue rapidamente a cebola, a pimenta e os camarões triturados.
4. Por último, acrescente o purê de inhame, mexa bem e ajuste o sal.
5. Desligue o fogo e sirva em temperatura ambiente.

DICA
- Também é possível servir o ipetê frio.

CURIOSIDADE
- Ipetê ou peté de Oxum é a principal comida oferecida a Oxum e é também o nome da festa que se faz anualmente em homenagem a esse orixá. O ponto alto da festa, nos terreiros, se dá com a entrada dos filhos da casa com seu balaio contendo o ipetê, que é trazido do quarto de Oxum para o barracão. O ipetê é compartilhado com os filhos de santo da casa.

CURIOSIDADE
- Esse também é um prato ritualístico das oferendas do candomblé e compõe o banquete dos Ibejis (santos mirins), sincretizados na Igreja Católica como os santos gêmeos Cosme e Damião.

Xinxim de galinha

RENDIMENTO: 4 porções
TEMPO DE PREPARO: 1 hora e 30 minutos

800 ml de caldo de legumes (receita na pág. 185)
500 g de carcaças de frango
50 g de pimentão vermelho cortado em rodelas
350 g de cebola branca cortada em rodelas
400 g de tomate maduro cortado em rodelas
40 g de coentro picadinho
40 g de cebolinha picadinha
20 g de pimenta-doce picadinha

300 ml de leite de coco
80 ml de azeite de dendê
60 g de amendoim sem casca
60 g de castanha-de-caju sem sal
100 g de camarão seco defumado, sem os olhos
2 dentes de alho inteiros, sem a casca
800 g de filé de peito de frango cortado em cubos (ou 1 kg de coxas e sobrecoxas de frango)
80 ml de azeite de dendê (para fritar)
Sal e pimenta-do-reino branca a gosto

1. Em uma panela funda, leve o caldo de legumes, as carcaças de frango e os temperos (pimentão, cebola, tomate, coentro, cebolinha e pimenta-doce) ao fogo médio e deixe cozinhar com a panela tampada até que estejam bem amolecidos.
2. Retire a carcaça e adicione o leite de coco, o dendê, o amendoim, as castanhas e metade do camarão seco. Mexa para misturar e cozinhe por mais 10 minutos com a panela destampada.
3. Retire a panela do fogo e despeje o conteúdo no liquidificador, batendo até obter um molho bem espesso. Reserve.
4. No multiprocessador, bata o sal com os dentes de alho e a pimenta-branca. Em seguida, use a mistura para temperar os filés de peito de frango ou as coxas e sobrecoxas.
5. Em uma frigideira, aqueça o azeite de dendê e sele os pedaços de frango temperados até que fiquem dourados.
6. Adicione o restante do camarão seco defumado e o molho ao frango. Tampe a frigideira pela metade, para não abafar totalmente o molho que leva leite de coco, e deixe cozinhar por 5 minutos.
7. Desligue o fogo e sirva o prato ainda quente.

MOQUECAS

Uma boa moqueca sai do fogo para as mesas da Bahia assim: quente, colorida, cheirosa e sedutora.

A moqueca é o carro-chefe de todos os restaurantes típicos de comida baiana. Para os turistas, é uma experiência com a cultura, com os saberes e sabores da gastronomia de nossa terra. E para os baianos, é um encontro com a memória afetiva.

Mas o que é exatamente uma moqueca?

Muitos estados do Brasil consideram esse prato como um cozido de peixes e outros frutos do mar, usando diferentes temperos. Mas na Bahia come-se moqueca de tudo: frutos do mar, frango, carne, fato, ovo, vegetais, etc. A moqueca baiana também se diferencia por incluir na sua receita tradicional o leite de coco[1] e o azeite de dendê.

Uma típica moqueca baiana tem que ser feita em uma panela de barro vinda do Recôncavo, moldada artesanalmente pelas paneleiras, que, após o feitio, queimam a peça (também chamada por elas de louça) em fogueiras nas margens do rio Paraguaçú. Ah! O horário da queima quem decide é a natureza, pois precisa de um vento brando – o vento da hora em que a maré está enchendo e entrando rio adentro.

[1] O leite de coco já é um sabor consagrado nas moquecas baianas, mas esse ingrediente só passou a compor o prato a partir de 1940.

Ao lado: Dona Cadu é paneleira há mais de 80 anos!

49

Moqueca de arraia

RENDIMENTO: 4 porções
TEMPO DE PREPARO: 3 horas

800 g de arraia cortada em cubos grandes
50 ml de suco de limão coado
60 g de pimentão vermelho sem as sementes cortado em rodelas
60 g de pimentão amarelo sem as sementes cortado em rodelas
60 g de pimentão verde sem as sementes cortado em rodelas
300 g de cebola branca cortada em rodelas
450 g de tomate cortado em rodelas
90 g de coentro picado
90 g de cebolinha picada
40 g de pimenta-doce cortada em rodelas
500 ml de caldo de peixe (receita na pág. 186)
300 ml de leite de coco
80 ml de azeite de dendê
3 ramos de coentro e 1 pimenta dedo-de-moça (para decorar)

Sal a gosto
Água gelada (quanto baste)

1. Lave bem os lombos de arraia em água gelada misturada com o suco de limão, enxaguando depois em água fria corrente. Reserve.
2. Em uma panela de barro, leve os temperos (pimentões, cebola, tomate, coentro, cebolinha e pimenta-doce) e o caldo de peixe ao fogo alto, tampe a panela e deixe cozinhar até que fiquem macios.
3. Adicione o leite de coco e o dendê. Mexa bem para misturar.
4. Tempere os pedaços da arraia com sal e inclua na panela. Deixe cozinhar com a panela destampada até que fiquem tenros.
5. Desligue o fogo e sirva a moqueca borbulhando, decorando com os ramos de coentro e a pimenta dedo-de-moça inteira por cima.

DICAS

- Nunca tampe uma panela de moqueca em fase de cozimento depois que acrescentar o leite de coco, pois ele vai coalhar e sua moqueca ficará com uma aparência ruim.
- O leite de coco, no Nordeste, tem ponto de textura: pode ser leite ralo ou leite grosso. Vixe! E agora, como consigo um leite de coco natural? Calma, não é uma batalha tão árdua assim: pegue um coco seco e leve ao forno aquecido a 200 °C por 15 minutos. Deixe esfriar, fure o coco, escorra a água e quebre a casca com um batedor (ou, se quiser descarregar a raiva, coloque dentro de um pano e bata no chão, com força!). A polpa estará soltinha. Descasque o coco, corte em pedaços e bata no liquidificador com 500 ml de água morna por 5 minutos. Passe em um coador (que não seja de café) ou pano limpo, escorra e esprema. Prontinho! Essa receita rende mais ou menos 700 ml de leite de coco, nem grosso nem ralo. Para engrossar, diminua a água de bater o coco, e para afinar, aumente a água. (Você também pode secar o bagaço do coco no forno fraquinho ou na frigideira em fogo baixo, mexendo para não queimar. Assim você vai obter uma deliciosa farinha de coco para decorar seus pratos ou colocar no cozimento do arroz.)
- Essa moqueca combina muito com feijão-de-leite, que nada mais é que um feijão cozido e batido no liquidificador com açúcar e leite de coco. Simples assim!
- Tenha muito cuidado ao comprar uma arraia fresca, pois ela pode ter alto teor de ureia, desprendendo um cheiro insuportável. Se isso acontecer, a moqueca vai para o lixo! Para evitar essa surpresa, olhe bem como a arraia está sendo exposta na banca.
- Há quem diga que não se deve colocar os cortes da arraia de cabeça para baixo, mas pouco se sabe sobre isso.

CURIOSIDADE
- Na Bahia, a expressão "fulano é arraia miúda" significa que, em uma escala hierárquica, aquela pessoa não decide nada. Isso porque a arraia é um peixe barato em todo o Nordeste brasileiro, embora na Europa seja caríssimo e considerado uma das iguarias mais desejadas por vários chefs estrelados. (Enquanto nossa arraia não se mudar para lá, aqui seguimos degustando nossa preciosa iguaria!)

Moqueca de camarão

RENDIMENTO: 4 porções
TEMPO DE PREPARO: 3 horas

- 800 g de filé de camarão grande
- 60 g de pimentão vermelho sem as sementes cortado em rodelas
- 400 g de cebola branca cortada em rodelas
- 450 g de tomate cortado em rodelas
- 90 g de coentro picado
- 90 g de cebolinha picada
- 500 ml de caldo de camarão (receita na pág. 184)
- 300 ml de leite de coco
- 90 ml de azeite de dendê
- Sal a gosto
- 24 g de alho macerado
- 30 g de pimenta-doce picadinha
- 3 ramos de coentro e 1 pimenta dedo-de-moça (para decorar)
- Água (quanto baste)

1. Lave os filés de camarão em água gelada e reserve em temperatura fria.
2. Em uma panela de barro, leve os temperos (pimentão, cebola, tomate, coentro e cebolinha) ao fogo alto com o caldo de camarão, tampe a panela e deixe cozinhar até que fiquem macios.
3. Adicione o leite de coco e o dendê e mexa bem para misturar. Deixe cozinhar por mais 3 minutos com a panela destampada.
4. Tempere os filés de camarão com sal, alho e pimenta-doce. Adicione-os à panela com o caldo e deixe cozinhar por 3 minutos. (Lembre-se de que a panela de barro concentra muito calor, então os camarões vão terminar de cozinhar no percurso da cozinha para a mesa.)
5. Desligue o fogo e sirva a moqueca borbulhando, decorando com os ramos de coentro e a pimenta dedo-de-moça inteira.

DICAS

- Nunca tampe uma panela de moqueca em fase de cozimento depois que acrescentar o leite de coco, pois ele vai coalhar e sua moqueca ficará com uma aparência ruim.
- Use as cascas e a cabeça do camarão para fazer o caldo.
- Esta moqueca combina com banana-da-terra, que também pode ser cozida dentro do caldo de camarão, junto com os temperos.

Moqueca de ostra

RENDIMENTO: 4 porções
TEMPO DE PREPARO: 3 horas

800 g de ostra pré-cozida fora da casca
50 ml de suco de limão coado
60 g de pimentão vermelho sem as sementes cortado em rodelas
60 g de pimentão amarelo sem as sementes cortado em rodelas
60 g de pimentão verde sem as sementes cortado em rodelas
400 g de cebola branca cortada em rodelas
450 g de tomate cortado em rodelas
90 g de coentro picado
90 g de cebolinha picada
16 g de alho macerado
40 g de pimenta-doce cortada em rodelas
500 ml de caldo de peixe (receita na pág. 186)
400 ml de leite de coco
90 ml de azeite de dendê
Sal a gosto
3 ramos de coentro e uma pimenta dedo-de-moça (para decorar)
Água fria (quanto baste)

1. Lave bem as ostras em água gelada misturada com o suco de limão, enxaguando depois em água corrente.
2. Em uma panela de barro, leve os temperos (pimentões, cebola, tomate, coentro, cebolinha, alho e pimenta) ao fogo alto com o caldo de peixe e deixe cozinhar com a panela tampada até que fiquem macios.
3. Adicione o leite de coco e o dendê e mexa bem para misturar.
4. Inclua as ostras e o sal e deixe cozinhar por mais 8 minutos com a panela destampada.
5. Desligue o fogo e sirva a moqueca borbulhando, decorando com os ramos de coentro e a pimenta dedo-de-moça inteira por cima.

DICAS

- Essa moqueca fica mais gostosa com ostras pequenas, ditas de mergulho, pois são mais duras e aguentam altas temperaturas de cozimento.
- É uma delícia comer moqueca de ostra acompanhada de feijão.
- Se quiser um prato picante, coloque a pimenta dedo-de-moça no cozimento do caldo de peixe.

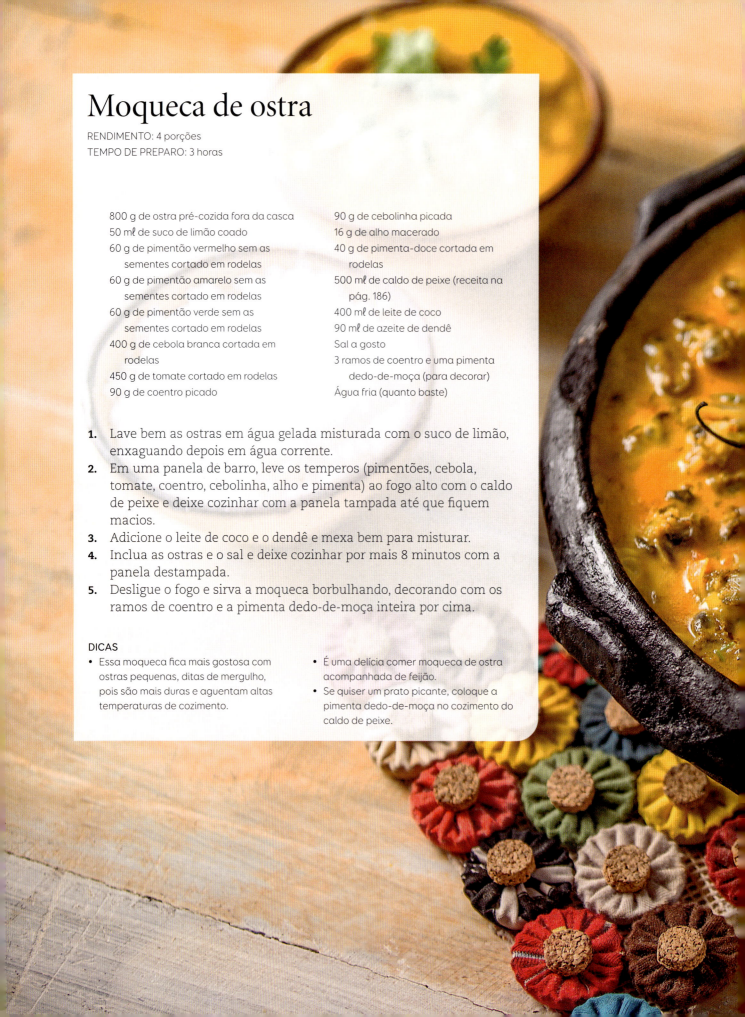

Moqueca de carne

RENDIMENTO: 4 porções
TEMPO DE PREPARO: 3 horas

60 g de pimentão vermelho sem sementes cortado em rodelas
60 g de pimentão amarelo sem sementes cortado em rodelas
60 g de pimentão verde sem sementes cortado em rodelas
400 g de cebola branca cortada em rodelas
450 g de tomate cortado em rodelas
40 g de pimenta-doce cortada em rodelas
90 g de coentro picado
90 g de cebolinha picada
500 mℓ de caldo de legumes (receita na pág. 185)
400 mℓ de leite de coco
90 mℓ de azeite de dendê
120 g de banana-da-terra cortada em cubos
800 g de carne de rabada desfiada (receita na pág. 128)
Sal a gosto
3 ramos de coentro e 1 pimenta dedo-de-moça (para decorar)

1. Em uma panela de barro, leve os temperos (pimentões, cebola, tomate, pimenta-doce, coentro e cebolinha) ao fogo alto com o caldo de legumes e deixe cozinhar com a panela tampada até que fiquem macios.
2. Adicione o leite de coco e o dendê e mexa bem para misturar.
3. Inclua as bananas e a carne, ajuste o sal e deixe cozinhar por mais 8 minutos com a panela destampada.
4. Desligue o fogo e sirva a moqueca borbulhando, decorando com os ramos de coentro e a pimenta dedo-de-moça inteira por cima.

DICAS

- Nunca tampe uma panela de moqueca em fase de cozimento depois que acrescentar o leite de coco, pois ele vai coalhar e sua moqueca ficará com uma aparência ruim.
- Se você tiver pouca carne, inclua ovos no final e deixe cozinhar sem mexer no caldo da moqueca.
- Essa moqueca também combina muito com maxixe, que pode ser incluído em rodelas no final do cozimento.

CURIOSIDADE

- Essa moqueca muitas vezes é feita com as sobras de carne do final de semana: tudo é picado ou desfiado e vira moqueca.

Moqueca de ovo

RENDIMENTO: 4 porções
TEMPO DE PREPARO: 3 horas

60 g de pimentão vermelho sem sementes cortado em rodelas

60 g de pimentão amarelo sem sementes cortado em rodelas

60 g de pimentão verde sem sementes cortado em rodelas

400 g de cebola branca cortada em rodelas

450 g de tomate cortado em rodelas

90 g de coentro picado

90 g de cebolinha picada

Sal a gosto

30 g de pimenta-doce cortada em rodelas

400 mℓ de caldo de legumes (receita na pág. 185)

350 mℓ de leite de coco

70 mℓ de azeite de dendê

100 g de camarão seco defumado sem cabeça e descascado

12 ovos (de quintal)

3 ramos de coentro e 1 pimenta dedo-de-moça (para decorar)

1. Em uma panela de barro, leve os temperos (pimentões, cebola, tomate, coentro, cebolinha, sal e pimenta) ao fogo alto com o caldo de legumes e deixe cozinhar com a panela tampada até que fiquem macios.
2. Adicione o leite de coco e o dendê e mexa bem para misturar.
3. Inclua os camarões secos e deixe ferver por 3 minutos com a panela destampada; em seguida coloque os ovos sem deixar quebrar.
4. Baixe o fogo e espere que as claras dos ovos fiquem levemente endurecidas. Como a panela de barro retém muito calor, até o momento de servir os ovos já estarão bem cozidos.
5. Desligue o fogo e sirva a moqueca borbulhando, decorando com os ramos de coentro e a pimenta dedo-de-moça inteira por cima.

DICA
- Se não tiver camarão seco defumado, substitua por carne-seca.

CURIOSIDADE
- Essa moqueca também é chamada de "zoião", que quer dizer olhos grandes, como uma forma de associar os ovos cozidos aos nossos olhos. Na Bahia também existe o dito popular: "Não dá para fazer moqueca sem partir os ovos".

Moqueca de peixe

RENDIMENTO: 4 porções
TEMPO DE PREPARO: 3 horas

800 g de filé de peixe cortado em cubos ou 1 kg de peixe em postas largas
60 g de pimentão vermelho sem sementes cortado em rodelas
60 g de pimentão amarelo sem sementes cortado em rodelas
60 g de pimentão verde sem sementes cortado em rodelas
400 g de cebola branca cortada em rodelas
450 g de tomate cortado em rodelas
90 g de coentro picado
90 g de cebolinha picada
80 g de pimenta-doce cortada em rodelas
500 mℓ de caldo de peixe (receita na pág. 186)
350 mℓ de leite de coco
90 mℓ de azeite de dendê
24 g de alho macerado
Sal e pimenta-branca moída a gosto
3 ramos de coentro e 1 pimenta dedo-de-moça (para decorar)

1. Em uma panela de barro, leve os temperos (pimentões, cebola, tomate, coentro, cebolinha e pimenta-doce) ao fogo alto com o caldo de peixe e deixe cozinhar com a panela tampada até que fiquem macios.
2. Adicione o leite de coco e o dendê e mexa bem para misturar.
3. Tempere os pedaços de peixe com o alho, o sal e a pimenta-branca moída e adicione-os ao caldo na panela. Deixe cozinhar com a panela destampada até que fiquem tenros.
4. Desligue o fogo e sirva a moqueca borbulhando, decorando com os ramos de coentro e a pimenta dedo-de-moça inteira por cima.

DICA
- Dê preferência para os peixes de escama, pois são mais suculentos para a moqueca. Os peixes de couro geralmente têm fibras mais densas e não pegam tão bem o tempero.

Moqueca de polvo

RENDIMENTO: 4 porções
TEMPO DE PREPARO: 3 horas

- 60 g de pimentão vermelho sem sementes cortado em rodelas
- 60 g de pimentão amarelo sem sementes cortado em rodelas
- 60 g de pimentão verde sem sementes cortado em rodelas
- 400 g de cebola branca cortada em rodelas
- 450 g de tomate cortado em rodelas
- 90 g de coentro picado
- 90 g de cebolinha picada
- 60 g de pimenta-doce cortada em rodelas
- 16 g de alho picadinho
- 500 ml de caldo de peixe (receita na pág. 186)
- 400 ml de leite de coco
- 80 ml de azeite de dendê
- 800 g de polvo base cortado em cubos (receita na pág. 189)
- Sal a gosto
- 3 ramos de coentro e 1 pimenta dedo-de-moça (para decorar)

1. Em uma panela de barro, leve os temperos (pimentões, cebola, tomate, coentro, cebolinha, pimenta e alho) ao fogo alto com o caldo de peixe e deixe cozinhar com a panela tampada até que fiquem macios.
2. Adicione o leite de coco e o dendê e mexa bem para misturar.
3. Inclua o polvo em cubos e o sal e deixe cozinhar por mais 8 minutos com a panela destampada.
4. Desligue o fogo e sirva a moqueca borbulhando, decorando com os ramos de coentro e a pimenta dedo-de-moça inteira por cima.

DICA
- Na Bahia, também é muito famosa a moqueca chamada de "camapolvo", que é feita substituindo metade do polvo por filé de camarão fresco. Nesse caso, ao cozinhar, inclua os pedaços de polvo, deixe ferver por 3 minutos e só então inclua os camarões.

Moqueca de siri-mole

RENDIMENTO: 4 porções
TEMPO DE PREPARO: 3 horas

800 g de siri-mole
50 mℓ de suco de limão coado
60 g de pimentão vermelho sem sementes cortado em rodelas
60 g de pimentão amarelo sem sementes cortado em rodelas
60 g de pimentão verde sem sementes cortado em rodelas
400 g de cebola branca cortada em rodelas
450 g de tomate cortado em rodelas
90 g de coentro picado
90 g de cebolinha picada
40 g de pimenta-doce cortada em rodelas
16 g de alho picadinho
500 mℓ de caldo de peixe (receita na pág. 186)
450 mℓ de leite de coco
80 mℓ de azeite de dendê
Sal a gosto
3 ramos de coentro e 1 pimenta dedo--de-moça (para decorar)
Água gelada (quanto baste)

1. Lave bem os siris moles em água gelada misturada com o suco de limão, enxaguando depois em água corrente.
2. Em uma panela de barro, leve os temperos (pimentões, cebola, tomate, coentro, cebolinha, pimenta e alho) ao fogo alto com o caldo de peixe e deixe cozinhar com a panela tampada até que fiquem macios.
3. Adicione o leite de coco e o dendê e mexa bem para misturar.
4. Inclua os siris e o sal e deixe cozinhar por mais 8 minutos com a panela destampada.
5. Desligue o fogo e sirva a moqueca borbulhando, decorando com os ramos de coentro e a pimenta dedo-de-moça inteira por cima.

CURIOSIDADE

- Há quem pense que os siris moles são filhotes de siri, mas na verdade os siris são crustáceos que, ao crescer, apenas vão trocando a casca. Quando se libertam da casca que está pequena para abrigar seu corpo, geralmente eles são capturados. Assim, eles ficam grandes, mas com a casca mole.

Moqueca mista

RENDIMENTO: 4 porções
TEMPO DE PREPARO: 3 horas

60 g de pimentão vermelho sem sementes cortado em rodelas
60 g de pimentão amarelo sem sementes cortado em rodelas
60 g de pimentão verde sem sementes cortado em rodelas
400 g de cebola branca cortada em rodelas
450 g de tomate cortado em rodelas
90 g de coentro picado
90 g de cebolinha picada
30 g de pimenta-doce cortada em rodelas
500 mℓ de caldo de peixe (receita na pág. 186)
400 mℓ de leite de coco
90 mℓ de azeite de dendê
200 g de tentáculos de polvo pré-cozidos e cortados em pedaços
200 g de banana-da-terra assada na casca
200 g de filé de peixe cortado em cubos grandes
200 g de camarão 21/25 descascado
Sal a gosto
3 ramos de coentro e 1 pimenta dedo-de-moça (para decorar)

1. Em uma panela de barro, leve os temperos (pimentões, cebola, tomate, coentro, cebolinha e pimenta) ao fogo alto com o caldo de peixe e deixe cozinhar com a panela tampada até que fiquem macios.
2. Adicione o leite de coco e o dendê e mexa bem para misturar.
3. Inclua os polvos e a banana, deixe cozinhar por 3 minutos com a panela destampada e em seguida adicione os peixes. Deixe ferver por 8 minutos.
4. Por último, adicione os camarões e o sal. Envolva bem os camarões no caldo e deixe cozinhar por mais 2 minutos. (Lembre-se de que a panela de barro concentra muito calor, então os camarões terminarão de cozinhar no percurso da cozinha para a mesa.)
5. Desligue o fogo e sirva a moqueca borbulhando, decorando com os ramos de coentro e a pimenta dedo-de-moça inteira por cima.

Moqueca de vegetais

RENDIMENTO: 4 porções
TEMPO DE PREPARO: 3 horas

60 g de pimentão vermelho sem sementes cortado em rodelas
60 g de pimentão amarelo sem sementes cortado em rodelas
60 g de pimentão verde sem sementes cortado em rodelas
400 g de cebola branca cortada em rodelas
450 g de tomate cortado em rodelas
90 g de coentro picado
90 g de cebolinha picada
30 g de pimenta-doce cortada em rodelas
16 g de alho picadinho
500 ml de caldo de legumes (receita na pág. 185)
400 ml de leite de coco
90 ml de azeite de dendê
250 g (4 unidades médias) de batatas-do-reino descascadas e pré-cozidas, mas durinhas, cortadas ao meio
140 g (1 unidade média) de cenoura cortada em cubos
4 maxixes cortados ao meio
120 g (1 unidade grande) de banana-da-terra cortada em cubos
200 g (1 unidade média) de berinjela cortada em cubos
150 g (1 unidade média) de abobrinha cortada em cubos
Sal a gosto
3 ramos de coentro e 1 pimenta dedo-de-moça (para decorar)

1. Em uma panela de barro, leve os temperos (pimentões, cebola, tomate, coentro, cebolinha, pimenta e alho) ao fogo alto com o caldo de legumes e deixe cozinhar com a panela tampada até que fiquem macios.
2. Adicione o leite de coco e o dendê e mexa bem para misturar. Deixe cozinhar por mais 2 minutos com a panela destampada.
3. Inclua os legumes e a banana nesta ordem: as batatas, a cenoura, os maxixes, a banana, a berinjela e a abobrinha. É importante assegurar que os legumes mais duros fiquem por baixo.
4. Acrescente o sal e deixe cozinhar por 5 minutos com a panela destampada.
5. Desligue o fogo e sirva a moqueca borbulhando, decorando com os ramos de coentro e a pimenta dedo-de-moça inteira por cima.

Pirão de moqueca

RENDIMENTO: 4 porções
TEMPO DE PREPARO: 1 hora

60 g de pimentão vermelho sem sementes cortado em rodelas
60 g de pimentão amarelo sem sementes cortado em rodelas
60 g de pimentão verde sem sementes cortado em rodelas
400 g de cebola branca cortada em rodelas
450 g de tomate cortado em rodelas
90 g de coentro picado
90 g de cebolinha picada
Sal a gosto
40 g de pimenta-doce cortada em rodelas
500 ml de caldo de peixe (receita na pág. 186)
350 ml de leite de coco
70 ml de azeite de dendê
100 g de farinha de mandioca bem torrada

1. Em uma panela de barro, leve os temperos (pimentões, cebola, tomate, coentro, cebolinha, sal e pimenta) ao fogo alto com o caldo de peixe e deixe cozinhar com a panela tampada até que fiquem macios.
2. Adicione o leite de coco e o dendê e mexa bem para misturar. Deixe ferver por mais 5 minutos com a panela destampada e em seguida desligue o fogo e deixe esfriar.
3. Na mesma panela, vá adicionando a farinha em chuviscos (deixando que ela caia por entre os dedos) e mexendo vigorosamente.
4. Em seguida, volte a panela ao fogo e cozinhe até o pirão ficar macio.
5. Desligue o fogo e sirva ainda quente.

DICA
- Se você gosta de um pirão mais mole, ao final do cozimento adicione um pouco mais de caldo de peixe ou mesmo do caldo da moqueca que você preparou para comer com o pirão.

NA MESA DO BAIANO

Quando se chega à casa de um baiano, ele lhe recebe e mostra seu lar de muito bom grado. Abre a porta para você entrar, traz sua família para lhe abraçar, seus amigos para compartilhar...

Se chegar de coração aberto, você vai ter de se responsabilizar pela família que vai ganhar. Vai comer os pratos que a mãe faz – aqueles que ela aprendeu com a avó, que também tem muito a lhe ensinar: desde as quizilas simples, como não comer manga e beber leite, até coisas mais graves, como um "estupor de pinote" (se tomar um café quente e depois água muito gelada, já sabe, vai estuporar – dar um pulo para trás e morrer!).

Nessa casa ensinam também a rezar, a respeitar e a cuidar uns dos outros. Mexem com seu paladar, com sua forma de abraçar, e inspiram a alegria em celebrar todas as grandes e pequenas vitórias que a vida te dá. Na mesa do baiano, todos são tratados como reis.

– Não é, meu rei?
– É, minha tia!

No fim de semana, vem o cozido, o bobó ou a feijoada para arrematar, com a casa cheia de amigos e agregados (os amigos dos amigos), que se juntam num ritual de generosidade e amor, de troca, de encontro – tudo isso com simplicidade e muita cerveja gelada, porque o brinde não pode faltar.

Ficou com água na boca? Então venha brindar na casa do baiano, é só chegar! Pois aqui a ordem é:

"Bota água no feijão que chegou mais um..."

Anduzada

RENDIMENTO: 8 porções
TEMPO DE PREPARO: 4 horas + 24 horas de dessalgue das carnes

- 300 g de lombinho suíno defumado cortado em cubos
- 200 g de costelinha suína defumada
- 200 g de charque dessalgado cortado em cubos
- 200 g de carne de sal presa magra (suína salgada) dessalgada e cortada em cubos
- 200 g de bacon picadinho
- 400 g de cebola branca picadinha
- 200 g de cebola roxa picadinha
- 40 g de alho picadinho
- 4 folhas de louro
- 80 g de pimenta-doce picadinha
- 200 g de linguiça calabresa cortada em rodelas
- 200 g de paio cortado em rodelas
- 1,5 ℓ de caldo de legumes (receita na pág. 185)
- 1 kg de andu ou feijão guandu
- 60 g de cebolinha picadinha
- 60 g de coentro picadinho
- Sal e pimenta-do-reino moída a gosto
- Água (quanto baste)

1. Dessalgue o lombinho suíno, a costelinha, o charque e a carne de sal presa, deixando-os de molho de um dia para o outro e trocando a água cinco vezes.
2. Em uma panela de pressão, frite o bacon picadinho até que fique cor de caramelo.
3. Acrescente as cebolas, o alho, as folhas de louro e a pimenta-doce e refogue bem.
4. A seguir, adicione as carnes, a linguiça e o paio e refogue mais um pouco.
5. Adicione o caldo de legumes, mexa bem e tampe a panela. Cozinhe por 20 minutos depois que começar a pegar pressão.
6. Desligue o fogo e aguarde baixar a pressão da panela. Em seguida, inclua o feijão e o volte ao fogo, sem pressão, para cozinhar até que os grãos estejam tenros.
7. Finalize com o coentro e a cebolinha picadinhos, ajuste o sal e acrescente a pimenta. Sirva ainda quente.

DICA
- Use carnes magras se quiser ter um prato mais magro.

CURIOSIDADE
- O feijão andu, conhecido também como guandu principalmente no Rio de Janeiro e em Portugal, é comumente encontrado no Nordeste recém-colhido. Em outras regiões do Brasil, encontra-se apenas seco. Por ser muito rico em ferro, no Nordeste esse feijão faz parte da dieta de pessoas enfermas ou com alguma necessidade de reposição de ferro (por anemia ou cirurgias, por exemplo).

Bobó de camarão

RENDIMENTO: 4 porções
TEMPO DE PREPARO: 2 horas

400 g de mandioca descascada cortada em pedaços
300 mℓ de caldo de camarão (receita na pág. 184)
400 g de tomate picadinho
350 g de cebola branca picadinho
50 g de pimentão picadinho
80 g de coentro picadinho
80 g de cebolinha picadinha
80 g de pimenta-doce picadinha
50 g de camarão seco defumado com a cabeça e sem os olhos
200 mℓ de leite de coco
80 mℓ de azeite de dendê
600 g de camarão médio sem casca
Sal e pimenta-branca a gosto
Água (quanto baste)

1. Em uma panela funda, leve a mandioca ao fogo alto com pouca água (somente o suficiente para cobrir os pedaços). À medida que a água for evaporando, coloque mais água fria para dar um choque térmico, o que ajuda a mandioca a ficar mais tenra.
2. Quando a mandioca estiver bem mole, tire a panela do fogo, escorra e reserve o caldo do cozimento. Limpe os fiapos mais grossos do meio das mandiocas e reserve.
3. Em outra panela, leve o caldo de camarão com o tomate, a cebola, o pimentão, o coentro, a cebolinha e a pimenta-doce ao fogo alto. Mexa bem para misturar e deixe cozinhar com a panela tampada até que todos estejam bem amolecidos.
4. Adicione o camarão defumado, o leite de coco e o dendê, mexa bem e deixe cozinhar por mais 8 minutos com a panela destampada.
5. Retire do fogo e bata tudo no liquidificador para obter um caldo bem grosso.
6. Vá adicionando a mandioca no liquidificador aos poucos até obter um purê de mandioca bem espesso.
7. Tempere os camarões com sal e pimenta-branca a gosto.
8. Volte o purê de mandioca ao fogo e adicione os camarões temperados, deixando cozinhar até que eles estejam tenros (por volta de 5 minutos).
9. Desligue o fogo e sirva ainda quente.

DICA
- Você pode cozinhar o purê e deixar no congelador por vários dias. Antes de usar, deixe descongelar na geladeira e, na hora de esquentar para cozinhar os camarões, adicione um pouco de leite de coco ou caldo de peixe.

CURIOSIDADE
- Esse prato traz consigo uma fiel representação da miscigenação primária da cultura brasileira: a mandioca do índio, o modo de cozinhar do português e o azeite de dendê do africano.

Feijoada baiana

RENDIMENTO: 10 porções

TEMPO DE PREPARO: 4 horas + 24 horas de dessalgue das carnes/de marinada
+ 12 horas de descanso da feijoada

- 500 g de charque magro cortado em pedaços
- 1 orelha de porco defumada
- 1 língua de porco defumada
- 1 pé de porco defumado
- 300 g de carne de sal presa cortada em pedaços
- 500 g de cebola branca picadinha
- 100 g de alho picadinho
- 700 g de tomate picadinho
- 70 g de coentro picadinho
- 70 g de cebolinha picadinha

- 500 g de músculo bovino cortado em pedaços
- 500 g de carne de fumeiro ou lombinho defumado cortado em pedaços
- 350 g de bacon picadinho
- 1 kg de feijão-mulato ou carioquinha
- 6 folhas de louro
- 800 g de linguiças variadas cortadas em rodelas
- 80 g de pimenta-doce picadinha
- Água (quanto baste)

1. Dessalgue as carnes salgadas (charque, orelha, língua, pé de porco e carne de sal presa) deixando-as de molho de um dia para o outro e trocando a água pelo menos seis vezes.
2. Enquanto isso, em uma tigela, coloque os temperos (cebola, alho, tomate, coentro e cebolinha) picados miudinhos e misture bem. Inclua o músculo e a carne de fumeiro e deixe marinar por 24 horas na geladeira.
3. No dia seguinte, em uma panela funda, frite o bacon até que esteja bem sequinho.
4. Aos poucos, adicione as carnes da marinada e as dessalgadas. Vá fritando nessa gordura até que todas estejam bem douradas.
5. Inclua o feijão e os temperos da marinada e deixe refogar por 10 minutos.
6. Acrescente água à feijoada até que fique aproximadamente oito dedos acima do feijão na panela. Inclua também as folhas de louro e as rodelas de linguiça e mexa bem.
7. Leve para cozinhar em fogo médio até que o feijão fique tenro.
8. Desligue o fogo e deixe a feijoada descansar por pelo menos 12 horas, tampando a panela com um pano limpo de algodão.
9. No dia seguinte, volte a panela ao fogo e cozinhe por mais ou menos 30 minutos para dar o ponto, que é um caldo bem grosso.
10. Sirva a feijoada ainda quente.

DICAS
- O feijão-carioquinha pode ser trocado por feijão--preto.
- Se você gosta de uma feijoada mais temperada, inclua cheiro-verde picadinho na hora de levar ao fogo para dar o ponto.

CURIOSIDADES
- Reza a lenda que todo feijão feito por baiano é uma feijoada, porque a única diferença entre o feijão do dia a dia e a feijoada por aqui é a quantidade de carne, já que ambos levam carnes e linguiças.

- Na Bahia se come feijoada com farinha, muita pimenta e banana-prata fresca, especialmente em datas festivas, porque é comida "de panelada", feita para muita gente. Além disso, é um prato para se fazer sem pressa.
- Essa é a comida predileta do orixá Ogum, sincretizado na Igreja Católica como Santo Antônio. No dia 13 de junho, é comum os devotos de Santo Antônio pagarem suas promessas oferecendo feijoadas nas ruas da Bahia.

Frigideira de siri com maturi

RENDIMENTO: 8 porções
TEMPO DE PREPARO: 1 hora e 30 minutos

REFOGADO DE SIRI

500 g de siri catado e limpo
80 mℓ de suco de limão coado
80 mℓ de azeite de oliva
250 g de cebola branca picadinha
16 g de alho macerado
1 folha de louro
1 galho de tomilho
20 g de pimenta-doce picadinha
400 g de tomate sem sementes
    picadinho
10 g de coentro picadinho
10 g de cebolinha picadinha

250 g de repolho branco picadinho
200 g de maturi
40 mℓ de azeite de dendê
150 mℓ de leite de coco
Sal e pimenta-branca moída a gosto
Água gelada (quanto baste)

FRIGIDEIRA

6 ovos
Refogado de siri
60 g de farinha de trigo peneirada
Azeite de oliva (para untar)
Sal a gosto

REFOGADO

1. Lave a carne de siri com água gelada misturada com metade do suco de limão (40 mℓ).
2. Em uma panela de fundo grosso, aqueça o azeite de oliva e acrescente a cebola, o alho, as ervas (louro e tomilho) e a pimenta-doce picadinha. Refogue até a cebola suar.
3. Inclua o tomate, o coentro, a cebolinha, o repolho e o maturi, refogando por mais 5 minutos.
4. Adicione o siri catado, o restante do suco de limão, o dendê e o leite de coco. Mexa bem e deixe cozinhar em fogo médio por 15 minutos ou até que a mistura esteja bem sequinha.
5. Ajuste o sal e acrescente a pimenta-branca a gosto.
6. Mexa bem, desligue o fogo e reserve até ficar frio.

FRIGIDEIRA

1. Separe as claras e as gemas dos ovos.
2. Em uma batedeira ou com a ajuda de um fouet, bata as claras em neve.
3. Aos poucos, adicione as gemas às claras em neve, mexendo levemente.
4. Separe metade da mistura dos ovos e junte-a ao refogado de siri.
5. Unte um vasilhame de vidro com um pouco de azeite de oliva e derrame a mistura de ovos com o refogado.
6. Adicione a farinha de trigo peneirada e o sal à outra metade da mistura de ovos. Jogue-a por cima do refogado no vasilhame.
7. Leve para assar em forno preaquecido a 160° C até dourar.
8. Retire do forno e sirva a frigideira morna.

DICAS

- Se quiser deixar sua frigideira mais bonita, ao desligar o forno inclua rodelas de pimentão e tomate como decoração e deixe o prato dentro do forno desligado até que esteja morno.
- Se você usar ovos de galinha caipira, terá um prato com uma cor mais bonita do que se usar ovos de galinha de granja.
- O maturi pode ser substituído por castanha--de-caju sem sal, licuri cozido, milho verde cozido ou amendoim cozido.
- Se você não é do Nordeste, não se "apoquente", pois a carne de siri pode ser substituída por arraia desfiada, cação picadinho, pirarucu dessalgado e desfiado ou bacalhau desfiado.

CURIOSIDADES
- Maturi é a castanha-de-caju ainda verde.
- Esse era um dos pratos prediletos do famoso escritor baiano Jorge Amado.

Fumeiro acebolado com laranja

RENDIMENTO: 4 porções
TEMPO DE PREPARO: 2 horas

CEBOLADA

600 g de cebola branca cortada em
   rodelas
8 g de sal
20 g de açúcar
100 mℓ de azeite de oliva
1 cravo-da-índia
1 canela em pau
1 baga de cardamomo
1 galho de tomilho
1 galho de alecrim
2 folhas de louro
20 g de pimenta-doce picadinha
60 g de manteiga

CARNE DE FUMEIRO

600 g de carne de fumeiro cortada em
   lascas grandes
Cebolada
50 g de alho-poró picadinho
1 galho de tomilho
1 galho de alecrim
500 mℓ de suco de laranja coado
Sal a gosto

1. Em uma panela funda, acrescente todos os ingredientes da cebolada, exceto a manteiga. Mexa bem, tampe a panela e leve para cozinhar em fogo baixo até que as cebolas estejam bem macias.
2. Adicione a manteiga, mexa bem e cozinhe por mais 5 minutos.
3. Desligue o fogo, retire as especiarias da panela e reserve.
4. Lave as lascas de carne de fumeiro com água fervente, sem levá-las ao fogo. Drene e reserve.
5. Em uma panela funda, leve ao fogo a carne com a cebolada, o alho-poró, o tomilho, o alecrim e o suco de laranja. Mexa bem e tampe, deixando cozinhar até reduzir e formar um caramelo no fundo da panela.
6. Ajuste o sal, desligue o fogo e sirva ainda quente.

DICAS

- Esse prato costuma ser servido com pão ou purê de mandioca.
- Se você não gosta de laranja, pode substituir por suco de maracujá levemente adocicado.
- Se você não está na Bahia, também pode substituir a carne de fumeiro por alguma carne suína local que tenha passado por processo de cura ou defumação e que não seja salgada. Ou você pode, ainda, inovar completamente e substituir a carne suína por frango ou codorna defumada.

CURIOSIDADES

- A carne de fumeiro é a carne suína tradicionalmente feita de forma artesanal no Recôncavo baiano, onde recebe sal com colorau antes da defumação, que é feita com gravetos de árvores aromáticas, como de aroeira ou laranjeira. Como toda proteína defumada, é uma carne que resiste ao calor do Nordeste sem precisar de geladeira.
- Muito usada nos feijões cozidos nas casas dos baianos, essa iguaria ainda é fonte de subsistência de muitas famílias em Maragogipe, por exemplo.
- Em algumas cidades do baixo-sul da Bahia, é também conhecida como "mantinha" e servida apenas frita com rodelas de cebola – e, claro, muito coentro.

CURIOSIDADE
- É muito tradicional comer esse prato nos dias 26 de dezembro e 1º de janeiro, com as sobras do peru das ceias de Natal e Ano Novo. Costuma-se, inclusive, juntar as sobras de mais de uma ceia (por exemplo, de várias famílias), e todos juntos festejam mais uma vez o Natal. Com as sobras dos legumes do cozido também sempre fazem uma sopa deliciosa para a noite.

Escaldado de peru

RENDIMENTO: 10 porções
TEMPO DE PREPARO: 5 horas + 24 horas de dessalgue das carnes e marinada

PERU
300 g de cebola branca picadinha
100 g de alho picadinho
100 g de extrato de tomate
1 pitada de cominho
3 folhas de louro
Sal e pimenta-branca moída a gosto
40 g de pimenta-doce picadinha
150 ml de vinho tinto ou branco
300 ml de óleo de milho
150 g de bacon cortado em lâminas
1 peru médio (aprox. 3 kg) inteiro

ESCALDADO
300 g de carne de sal presa
500 g de charque magro
800 g de músculo bovino
500 g de carne de fumeiro ou lombinho defumada
350 g de bacon picadinho
120 g de alho picadinho
800 g de cebola branca picadinha
100 g de coentro picadinho
100 g de cebolinha picadinha
6 folhas de louro
80 g de pimenta-doce picadinha
1,2 kg de tomate picadinho
4 l de caldo de legumes (receita na pág. 185)
600 g de linguiças variadas (calabresa, portuguesa, etc.) cortadas em rodelas
400 g de paio
1 repolho inteiro cortado em 4 pedaços
3 batatas-doces descascadas cortadas ao meio
8 batatas-do-reino médias descascadas (inteiras)
4 jilós inteiros
6 maxixes inteiros
4 cenouras descascadas e cortadas ao meio
3 chuchus descascados e cortados ao meio
1 kg de abóbora-moranga descascada e cortada em pedaços grandes
4 bananas-da-terra sem casca e cortadas ao meio
12 quiabos inteiros
12 folhas de couve-manteiga
Sal a gosto
300 g de farinha de mandioca
Água (quanto baste)

PERU

1. Bata a cebola, o alho, o extrato de tomate, o cominho, as folhas de louro, o sal e as pimentas no liquidificador com o vinho e o óleo de milho para fazer a marinada.
2. Em uma tigela funda, lambuze o peru com os temperos batidos e deixe marinar na geladeira de um dia para o outro.
3. No dia seguinte, coloque o peru em uma assadeira, forre com as lâminas de bacon e feche com papel-alumínio.
4. Leve ao forno preaquecido a 180 °C e asse até que o peru esteja tenro.
5. Tire o papel-alumínio e deixe assar mais um pouco até ficar bem dourado.
6. Retire do forno, corte o peru em pedaços e reserve.

ESCALDADO

1. Enquanto prepara o peru, dessalgue as carnes salgadas (carne de sal presa e charque) deixando de molho de um dia para o outro e trocando a água pelo menos cinco vezes.
2. Corte o músculo e a carne de fumeiro em cubos grandes.
3. Em uma panela funda, frite bem o bacon até ficar dourado.
4. Acrescente as carnes salgadas, o músculo e o fumeiro e, em seguida os temperos picadinhos: alho, cebola, coentro, cebolinha, louro, pimenta-doce e tomate.
5. Inclua o caldo de legumes, mexa bem e tampe a panela. Deixe cozinhar em fogo médio até que todas as carnes estejam amolecidas.
6. Adicione as linguiças, o paio e os pedaços do peru, mexa para envolver as linguiças e cozinhe por mais 20 minutos em fogo baixo com a panela tampada.
7. Vá colocando os legumes em camadas e polvilhando sal, na seguinte ordem: repolho, batata-doce, batata-do-reino, jiló, maxixe, cenouras, chuchu, abóbora, banana e quiabo. Cubra com as folhas da couve.
8. Adicione mais um pouco de sal e cozinhe com a panela tampada por aproximadamente 20 minutos.
9. Destampe a panela, incline e, com uma concha, retire metade do caldo que se formou, colocando em outra panela funda.
10. Tampe novamente a panela e mantenha as carnes com os legumes cozinhando em fogo bem baixo por mais ou menos 20 minutos, até que os legumes estejam tenros.
11. Vá adicionando, na segunda panela com o caldo, pequenas quantidades de farinha de mandioca em chuviscos, mexendo sem parar, até que a farinha esteja incorporada ao caldo e cozida, com uma textura de pirão.
12. Adicione um pouco mais do caldo grosso da panela das carnes e legumes e continue mexendo para misturar bem, até que o pirão esteja soltando do fundo da panela.
13. Desligue o fogo e sirva o escaldado ainda quente. (O pirão deve ser servido em uma vasilha, os legumes em outra e as carnes em outra, ou seja, tudo separado.)

DICAS

- Você pode substituir o extrato de tomate por tomates pelados.
- Você pode cozinhar as carnes e deixá-las em uma panela no fogão, tampada com um pano, de um dia para o outro. Nesse caso, no dia seguinte, leve a panela com as carnes ao fogo para ferver e então inclua os legumes com o caldo fervendo.

Malassada

RENDIMENTO: 6 porções
TEMPO DE PREPARO: 2 horas e 30 minutos + 2 horas de marinada

1 peça de maminha (aprox. 1,3 kg)
Sal, cominho e colorau a gosto
400 g de cebola branca cortada em rodelas
250 g de cebola roxa cortada em rodelas
800 g de tomate maduro, mas firme, cortado em rodelas
40 g de alho macerado
150 g de pimentão amarelo cortado em rodelas
150 g de pimentão vermelho cortado em rodelas
40 g de pimenta-doce cortada em rodelas
2 cravos-da-índia
2 bagas de cardamomo, só as sementes
3 g de semente de coentro
100 ml de óleo de milho
2 folhas de louro
2 galhos de tomilho
1 galho de alecrim
150 g de manteiga gelada (dividida em duas partes)
100 ml de vinagre de vinho tinto
400 ml de caldo de legumes (receita na pág. 185)

1. Em uma tigela, tempere a carne com o sal, o colorau e o cominho e junte as cebolas, o tomate, o alho, os pimentões, a pimenta, o cravo, o cardamomo e o coentro. Misture bem e deixe marinar por 2 horas na geladeira.
2. Em uma panela de fundo grosso, aqueça o óleo e acrescente o louro, o tomilho e o alecrim.
3. Inclua a carne e vá selando cada lado cuidadosamente, lambuzando com metade da manteiga, sem mexer muito para não criar água na panela.
4. Quando a carne estiver dourada de todos os lados, inclua os temperos e especiarias da marinada e deixe refogar um pouco.
5. Retire a carne da panela e coloque em uma assadeira. Leve para descansar em forno bem baixo, quase desligado.
6. Adicione o vinagre e o caldo de legumes ao molho que ficou na panela e deixe cozinhar em fogo baixo até reduzir mais ou menos 30%. Finalize colocando a outra metade da manteiga gelada.
7. Retire a carne do forno, fatie em pedaços e sirva com o molho por cima.

DICAS
- Se não encontrar uma boa maminha, use coxão mole ou contrafilé.
- A carne precisa ser fresca, nunca congelada, e deve ficar rosada por dentro.

CURIOSIDADES
- O corte maminha também é conhecido em alguns estados brasileiros como ponta de alcatra.
- Malassada vem de "mal assada".

Maxixada

RENDIMENTO: 8 porções
TEMPO DE PREPARO: 4 horas + 12 horas de dessalgue da carne

- 500 g de charque magro dianteiro ou ponta de agulha
- 70 ml de azeite de oliva
- 150 g de cebola roxa picadinha
- 200 g de cebola branca picadinha
- 450 g de tomate sem sementes picadinho
- 25 g de alho picadinho
- 90 g de cebolinha picadinha
- 90 g de coentro picadinho
- 1 pitada de cominho
- 2 folhas de louro
- 60 g de extrato de tomate
- Sal a gosto
- 40 g de pimenta-doce picadinha
- 1 pitada de pimenta-do-reino preta moída
- 600 ml de caldo de legumes (receita na pág. 185)
- 800 g de maxixes cortados em rodelas
- 120 ml de leite de coco
- 100 g de camarão defumado sem cabeça
- 4 ovos
- Água (quanto baste)

1. Corte o charque em pequenos cubos e ferva-os cinco vezes, trocando a água para tirar o sal, ou então deixe de molho de um dia para o outro, também trocando a água cinco vezes.
2. Em uma panela funda, aqueça o azeite de oliva e acrescente todos os temperos picadinhos (cebolas, tomate, alho, cebolinha, coentro, cominho, louro, extrato de tomate, sal e pimentas). Misture bem.
3. Acrescente o charque e cubra com o caldo de legumes. Tampe a panela e deixe a carne cozinhar em fogo médio até amolecer.
4. Inclua os maxixes, o leite de coco e os camarões defumados e deixe cozinhar por mais 5 minutos com a panela destampada.
5. Com ajuda de uma colher, faça pequenos buracos na maxixada, adicione os ovos e deixe cozinhar em fogo baixo até que as gemas estejam rijas.
6. Retire do fogo e sirva a maxixada ainda quente e na panela.

DICAS
- A farofa d'água (receita na pág. 102) acompanha muito bem esse prato.
- Se você não tem maxixe, pode substituir por abobrinha.
- Depois de incluir o leite de coco, nunca tampe a panela, pois ele pode coalhar e mudar completamente o aspecto de seu prato.

CURIOSIDADE
- O maxixe é também o nome de uma dança de salão brasileira, criada pelos afrodescendentes, que esteve na moda do fim do século XIX até o início do século XX.

Pão delícia

RENDIMENTO: 50 miniporções
TEMPO DE PREPARO: 2 horas

450 g de farinha de trigo sem fermento
250 mℓ de leite morno
100 mℓ óleo de milho
40 g de açúcar
2 ovos médios peneirados
7 g de sal

11 g de fermento biológico seco (ou 35 g de fermento fresco)
30 g de manteiga derretida, mais um pouco em temperatura ambiente para untar
100 g de queijo parmesão ralado fino

1. Peneire a farinha de trigo e divida-a em cinco porções.
2. No liquidificador, bata o leite, o óleo, o açúcar, os ovos, o sal e o fermento até misturar bem. Em seguida, derrame a mistura em uma tigela.
3. Adicione três porções da farinha de trigo à mistura, mexendo vigorosamente com uma colher de pau por 3 minutos ou utilizando uma batedeira com o batedor tipo gancho.
4. Adicione mais uma porção da farinha e mexa vigorosamente por mais 2 minutos.
5. Adicione a última porção da farinha e misture bem até obter uma massa mole e lisa. Sove por mais ou menos 10 minutos. O segredo é conseguir uma massa bem lisinha.
6. Deixe a massa descansar por aproximadamente 30 minutos, coberta com um pano seco e limpo em local abafado até que ela dobre de tamanho.
7. Unte as mãos com um pouco de manteiga e, dividindo a massa em pedaços menores, modele os pãezinhos em formato redondo.
8. Unte uma assadeira com manteiga e polvilhe com farinha de trigo.
9. Coloque os pãezinhos sobre a assadeira untada deixando um espaçamento de 0,5 cm entre cada um, pois eles vão inchar. Cubra com um pano limpo e deixe descansar por mais ou menos 15 minutos até dobrarem de volume novamente.
10. Preaqueça o forno a 200 °C, colocando uma assadeira com água na parte mais baixa do forno. Isso vai garantir que seus pães fiquem branquinhos.
11. Leve os pães para assar na parte mais alta do forno por aproximadamente 10 minutos. Não deixe corar, pois o ponto certo é com o pão branquinho. (Para ver se atingiu o ponto correto, espete um palito na massa – se o palito sair limpo, está pronto.)
12. Tire os pãezinhos do forno, deixe amornar e pincele com a manteiga derretida. Em seguida, polvilhe com o parmesão ralado e sirva.

DICAS
- Você pode comer o pãozinho recheado com um queijo cremoso ou com o queijo de cuias, que é bem tradicional na Bahia.
- Para garantir um pão bem fofo, não use fermento velho.
- Se quiser guardar os pãezinhos por mais tempo, coloque-os em uma vasilha fechada, sem ar, senão eles ressecam.
- Para congelar os pãezinhos, use sacos sem ar e deixe para colocar o parmesão somente quando for consumir.

CURIOSIDADE
- O pão delícia é o pão dos baianos, prato imprescindível tanto em festas quanto no dia a dia. É tão tradicional que tem quase o status do acarajé!

Polvo ao vinagrete

RENDIMENTO: 6 porções
TEMPO DE PREPARO: 2 horas e 30 minutos

500 g de tomate maduro, mas firme, sem sementes e cortado em cubinhos (brunoise)
200 g de cebola branca cortada em cubinhos (brunoise)
100 g de cebola roxa cortada em cubinhos (brunoise)
80 g de pimentão amarelo sem sementes e cortado em cubinhos (brunoise)

80 g de cebolinha picadinha
80 g de coentro picadinho
40 g de pimenta-doce picadinha
100 mℓ de azeite de oliva
150 mℓ de vinagre de vinho branco
1 kg de polvo base (receita na pág. 189)
Sal e pimenta-branca moída a gosto

1. Em uma tigela, misture bem todos os ingredientes e inclua o polvo.
2. Ajuste o sal e a pimenta, se necessário.
3. Sirva frio.

DICAS

- Você pode fazer o polvo e congelar para usar depois, mas deve sempre descongelar na geladeira ou em temperatura ambiente. Nunca use micro-ondas, forno ou fogo, para não ter um polvo "borrachudo".

- Só salgue o vinagrete no final, na hora de servir, para não desidratar os temperos.

SERTÃO BAIANO E SUAS COMIDAS

SER TÃO generoso, SER TÃO hospitaleiro, SER TÃO trabalhador, SER TÃO festivo, SER TÃO sofrido... Assim é o povo sertanejo!

O sertão é o ponto de partida da vida da chef Tereza, que afirma que as delícias do sertão estão ligadas às dificuldades climáticas dessa região. O clima seco e quente fez com que os colonizadores, afastados do litoral por causa das plantações de cana, precisassem se adaptar para criar o gado, e as comidas precisavam ser resistentes ao calor. Como exemplos disso, temos a carne de sol, que é produzida até hoje de modo artesanal, e o charque, também conhecido como carne do sertão. Essas duas carnes passaram a ser salgadas para que não estragassem facilmente, e com elas surgiu uma infinidade de preparações culinárias. Além do boi, o bode também foi um animal que se adaptou muito bem ao sertão, por isso temos tantos pratos cozidos e assados utilizando sua carne.

Diante de tamanha escassez, tudo é aproveitado com sabedoria: o meninico de carneiro, as tripas fritas, o fígado assado, a buchada de bode, etc. – iguarias que podem ser degustadas facilmente nas barraquinhas dos mercados aos sábados ou nas barraquinhas das festas. O feijão-verde e o de corda também são estrelas da cozinha sertaneja, sendo utilizados em muitos pratos, como o arrumadinho, o baião de dois, ou simplesmente o feijão cozido em água com temperos, como o coentro, para acompanhar a carne de sol.

Outra grande riqueza do sertão é o requeijão de corte, também conhecido como queijo manteiga, que permanece sendo produzido nos chamados fabricos (pequenos laticínios artesanais). Nesses fabricos é comum, ao final do cozimento do requeijão, jogar açúcar no tacho e chamar a criançada para raspar o açúcar derretido. A manteiga de garrafa, muito utilizada para dar um delicioso sabor à macaxeira e às carnes de sol e de charque, também é feita artesanalmente. Esses dois ingredientes também são usados para enriquecer outros pratos, como o pirão de leite, o pirão de aipim e as farofas.

E, claro, uma boa pimentinha também não pode faltar.

Você agora também vai poder viver essa experiência preparando um delicioso prato típico do sertão: feche os olhos e, a cada garfada, sinta toda essa exuberância de sabores.

CURIOSIDADES
- Esse prato é muito servido nos bufês de casamento, sem o molho, acompanhado do famoso pão delícia da Bahia.
- O uso da técnica de cozinhar as carnes por longo tempo, retirar do caldo e depois assar possibilitava que as pessoas que não dispunham de geladeira pudessem consumir essas carnes por mais dias com segurança, mesmo no clima quente e úmido da Bahia.

Assado de carneiro

RENDIMENTO: 4 porções
TEMPO DE PREPARO: 4 horas + 24 horas de marinada

- 3 folhas de louro
- 4 galhos de tomilho
- 4 galhos de alecrim
- 60 g de salsão picado
- 200 g de nabo cortado em cubos
- 200 g de cenoura cortada em cubos
- 150 g de cebola roxa cortada em cubos
- 60 g de alho-poró cortado em rodelas
- 40 g de pimenta-doce picadinha
- Pimenta-branca moída a gosto
- 32 g de alho cortado em lâminas grossas
- 2 cravos-da-índia
- 3 bagas de cardamomo
- 1 lasca de canela em pau pequena
- 1 pernil de carneiro (aprox. 1,5 kg) com osso
- 400 mℓ de vinho tinto
- 1 ℓ de caldo de legumes ou carne (receitas nas págs. 185 e 188)
- 80 mℓ de azeite de oliva
- Sal a gosto
- 100 g de polpa de tamarindo
- 50 mℓ de glucose de milho

1. Em uma tigela grande, coloque as ervas (louro, tomilho e alecrim), os legumes (salsão, nabo e cenoura), os temperos (cebola, alho-poró, pimentas e alho), as especiarias (cravo, cardamomo e canela) e o vinho para fazer uma marinada.
2. Acrescente o pernil e deixe marinar em geladeira por 24 horas.
3. No dia seguinte, leve ao fogo alto uma panela funda com o azeite e doure o pernil dos dois lados.
4. Acrescente os temperos da marinada na panela para refogar e por último o vinho.
5. Complete a panela com o caldo de legumes ou de carne e mexa bem para misturar. Cozinhe em fogo bem baixo, com a panela tampada, por aproximadamente 2 horas ou até que a carne esteja quase soltando do osso.
6. Retire do fogo e reserve o pernil em uma assadeira ou em um vasilhame de vidro.
7. Em uma tigela, peneire o caldo que sobrou na panela e misture com a polpa de tamarindo e a glucose de milho.
8. Leve a mistura ao fogo, mexendo bem até obter um molho grosso. Corrija o sal, se for preciso.
9. Derrame o molho sobre o pernil e leve ao forno preaquecido a 180 °C, destampado, para dourar.
10. Retire do forno e sirva ainda quente.

DICAS

- Para fazer uma marinada mais eficiente, coloque todos os ingredientes em um saco plástico resistente, feche bem a boca dele e, durante as 24 horas, vá virando a peça de lado.
- A polpa de tamarindo pode ser substituída por polpa de cajá, de taperebá ou de açaí.

Assado de porco

RENDIMENTO: 8 porções
TEMPO DE PREPARO: 4 horas + 24 horas de marinada

1 pernil de porco (aprox. 4 kg) sem a pele
Sal grosso a gosto
600 g de cebola roxa picadinha
400 g de cebola branca picadinha
90 g de alho-poró cortado em rodelas
120 g de pimenta-doce picadinha
90 g de salsão picado
150 g de nabo cortado em cubos
80 g de alho picadinho
Sal e pimenta-do-reino preta moída a
    gosto

5 folhas de louro
4 galhos de alecrim
2 cravos-da-índia
5 g de sementes de coentro
5 bagas de cardamomo sem a casca
700 mℓ de vinho branco seco
100 g de toucinho ou banha de porco
4 ℓ de caldo de legumes (receita
    na pág. 185)
150 g de bacon cortado em lâminas
    finas

1. Salgue a peça de pernil com o sal grosso.
2. Em uma tigela funda, faça uma marinada com todos os temperos, as ervas e o vinho.
3. Coloque o pernil na marinada e deixe na geladeira por 24 horas, virando a peça de vez em quando.
4. Em uma panela ou frigideira, frite o toucinho ou aqueça a banha de porco.
5. Acrescente o pernil e doure a peça de todos os lados.
6. Inclua o restante da marinada e o caldo de legumes, mexa bem e deixe cozinhar com a panela tampada por aproximadamente 2 horas ou até que a carne esteja começando a soltar do osso.
7. Retire do fogo, coloque a peça de pernil em uma assadeira e forre-a com o bacon em lâminas.
8. Cubra com o molho que ficou no fundo da panela e leve ao forno preaquecido a 280 °C. Deixe até dourar e o bacon ficar crocante.
9. Retire do forno e sirva ainda quente.

DICAS

- Você pode cozinhar a peça do porco e congelar para uso futuro, mas deixe descongelar na geladeira por 24 horas antes de usar.

- O pernil cozinha bem melhor se estiver em uma panela de ferro.
- Esse prato fica uma delícia com farofa d'água (receita na pág. 102). Que tal usar esse acompanhamento?

CURIOSIDADE
- Esse prato é um clássico da cultura sertaneja e está presente em todas as festas, seja na Bahia, seja em outros estados do Brasil.

Carne de sol com pirão de leite e feijão-de-corda

RENDIMENTO: 4 porções
TEMPO DE PREPARO: 2 horas + 2 horas de salga e dessalga da carne

CARNE DE SOL
1 kg de contrafilé ou picanha (peça inteira)
500 g de sal grosso
1 ℓ de leite
200 mℓ de manteiga de garrafa

FEIJÃO-DE-CORDA
500 g de feijão-de-corda verde
2 folhas de louro
½ cebola branca espetada com cravos--da-índia
400 mℓ de caldo de legumes (receita na pág. 185)
150 g de cebola roxa picadinha
40 g de pimenta-doce picadinha

225 g de tomate picadinho
8 g de alho picadinho
1 pitada de pimenta-do-reino preta moída
50 g de cebolinha picadinha
50 g de coentro picadinho
80 mℓ de manteiga de garrafa
Sal a gosto

PIRÃO DE LEITE
60 mℓ da manteiga de garrafa usada na carne
150 g de cebola branca picadinha
500 mℓ do leite usado no preparo da carne de sol
150 g de farinha de mandioca fina

CARNE DE SOL
1. Corte a carne em quatro lombos de 250 g cada.
2. Forre um vasilhame com o sal grosso, coloque os lombos e cubra com mais sal grosso.
3. Cubra com filme plástico ou papel-alumínio e deixe na geladeira por 1 hora.
4. Retire da geladeira e lave bem os lombos com água fria, de preferência com água e gelo, para retirar bem o sal grosso da carne.
5. Aninhe os lombos em outro vasilhame, cubra com o leite e deixe por mais 1 hora na geladeira.
6. Escorra o leite e reserve para fazer o pirão.
7. Leve uma frigideira de fundo grosso ao fogo alto com a manteiga de garrafa e sele os lombos, sem mexer muito. Deixe fritar um lado e depois o outro, até que a carne fique escura por fora e vermelha por dentro.

FEIJÃO-DE-CORDA
1. Em uma panela funda, leve o feijão para cozinhar com as folhas de louro, a cebola espetada com os cravos e o caldo de legumes até que os grãos estejam tenros.
2. Retire a água e reserve o feijão.
3. Em outra panela, refogue rapidamente todos os temperos na manteiga de garrafa e inclua o feijão cozido. Mexa bem para misturar.

PIRÃO DE LEITE
1. Em uma panela funda, leve metade da manteiga de garrafa (usada na carne) e a cebola ao fogo alto e refogue rapidamente.
2. Inclua o leite em que dessalgou a carne e aos poucos vá adicionando a farinha de mandioca em chuviscos, mexendo vigorosamente, sem parar.
3. Cozinhe até que o pirão esteja bem consistente.
4. Finalize com um pouco da manteiga de garrafa em que fritou a carne e sirva imediatamente.

DICAS
- O tempo de dessalga da carne com o leite deve ser o mesmo tempo de salga com o sal grosso.
- Se preferir um corte mais macio, pode usar filé-mignon.
- Se você não achar feijão-de-corda, pode substituir por favas ou por outro feijão verde.
- A manteiga de garrafa pode ser substituída por manteiga clarificada.
- Para enriquecer ainda mais seu pirão, inclua queijo coalho ralado na finalização do prato.

CURIOSIDADE
- Esse é um prato essencial da dieta de todo o Nordeste do Brasil.

Cortadinho de quiabo com abóbora

RENDIMENTO: 8 porções
TEMPO DE PREPARO: 4 horas + 12 horas de dessalgue da carne

500 g de charque magro dianteiro ou ponta de agulha
70 mℓ de azeite de oliva
150 g de cebola roxa picadinha
200 g de cebola branca picadinha
500 g de tomate picadinho
24 g de alho picadinho
90 g de cebolinha picadinha
90 g de coentro picadinho
60 g de extrato de tomate
40 g de pimenta-doce picadinha
1 pitada de cominho
2 folhas de louro
1 galho de alecrim
700 mℓ de caldo de legumes (receita na pág. 185)
100 g de camarão defumado sem cabeça
1 pitada de pimenta-do-reino preta moída
400 g de abóbora descascada e cortada em cubos
300 g de quiabo cortado em rodelas pequenas
120 mℓ de leite de coco
Sal a gosto
Cheiro-verde fresco a gosto (para decorar)

1. Corte o charque em pequenos cubos e ferva cinco vezes, trocando a água para tirar o sal, ou então deixe de molho de um dia para o outro, também trocando a água cinco vezes.
2. Em uma panela funda, aqueça o azeite de oliva e coloque todos os temperos picadinhos, as ervas (louro e alecrim) e o charque. Mexa bem para misturar.
3. Cubra com o caldo de legumes e deixe cozinhar até a carne amolecer.
4. Inclua os camarões defumados, a pimenta-do-reino moída e os cubos de abóbora e deixe cozinhar por 10 minutos em fogo baixo com a panela tampada.
5. Adicione os quiabos e o leite de coco, mexa suavemente e deixe cozinhar por mais 5 minutos com a panela destampada.
6. Ajuste o sal e finalize com um pouco de cheiro-verde fresco.

DICAS
- Dê preferência para uma abóbora-moranga bem laranja, pois ela vai deixar seu prato mais bonito.
- Depois de incluir o leite de coco, nunca tampe a panela, pois ele pode coalhar e mudar completamente o aspecto de seu prato.

CURIOSIDADES
- Reza a lenda que, ao cozinhar um prato com quiabos cortados, se você colocar uma faca no congelador e introduzi-la na comida durante o cozimento, o quiabo não vai soltar baba.
- Outra forma eficiente de ter menos baba em um prato à base de quiabos é cortá-los e colocar para congelar dentro de um saco plástico. Depois é só tirar do congelador e colocar direto na panela.

Ensopado de carneiro

RENDIMENTO: 4 porções
TEMPO DE PREPARO: 2 horas + 2 horas de marinada

300 mℓ de vinho tinto seco

200 g de cebola branca picada

150 g de cebola roxa picadinha

200 g de cenoura cortada em cubos grandes

300 g de tomate sem sementes cortado em cubos pequenos

50 g de alho-poró cortado em rodelas

16 g de alho picado fino

20 g de pimenta-doce picadinha

80 g de cheiro-verde (coentro e cebolinha)

1 galho de alecrim

2 folhas de louro

1,5 kg de costela de carneiro com osso cortada em pedaços

Sal e pimenta-do-reino branca a gosto

90 mℓ de azeite de oliva

1,5 ℓ de caldo de legumes ou de carne (receitas nas págs. 185 e 188)

1. Em uma tigela funda, faça uma marinada com o vinho, os temperos e as ervas.
2. Coloque os pedaços de carneiro e deixe marinar na geladeira por aproximadamente 2 horas.
3. Tempere com sal e pimenta-do-reino branca.
4. Em uma panela funda, aqueça o azeite e frite os pedaços do carneiro até ficarem dourados. Retire-os da panela e reserve.
5. Na mesma panela, inclua apenas os temperos da marinada (sem o líquido) e refogue por 5 minutos.
6. Inclua o vinho, mexa e deixe ferver.
7. Adicione os pedaços de carneiro fritos e o caldo de legumes, mexa bem e deixe cozinhar em fogo baixo, com a panela tampada, até que a carne esteja mole.
8. Por último, corrija o sal (se necessário) e deixe ferver mais um pouco com a panela aberta até o caldo reduzir e ficar bem grosso.
9. Retire do fogo e sirva ainda quente.

DICA

- Para finalizar, você pode colocar batatas, quiabo, mandioca ou maxixe pré-cozidos.

CURIOSIDADES

- Esse prato, feito com carne de carneiro ou de bode, é muito usual no sertão e costuma ser servido com angu de milho branco ou farofa d'água, também chamada de farofa de bolo (receita na pág. 102).
- Nas feiras das pequenas cidades, aos sábados, também é muito comum ver os vendedores e fregueses comendo esse ensopado como café da manhã.

Farofa d'água

RENDIMENTO: 6 porções
TEMPO DE PREPARO: 10 minutos

- 200 g de cebola roxa picadinha
- 225 g de tomate picadinho
- 40 g de cebolinha picadinha
- 50 g de coentro picadinho
- 20 g de pimenta-doce picadinha
- 30 g de pimenta dedo-de-moça sem sementes picadinha
- 4 g de sal
- 60 mℓ de azeite de oliva
- 200 mℓ de caldo de legumes morno, quase frio (receita na pág. 185)
- 400 g de farinha de mandioca bem torrada

1. Em uma tigela, misture todos os temperos com o azeite e inclua o caldo de legumes morno sobre eles, mexendo com um garfo.
2. Adicione a farinha toda de uma só vez e mexa para que a farofa forme bolos.
3. Sirva fria.

DICA
- É um excelente acompanhamento para carne de sol, peixe frito e carneiros assados ou cozidos.

CURIOSIDADE
- No sertão, essa farofa é também conhecida como farofa de bolo ou pirão de papagaio e é muito usada para dar comida às crianças, fazendo bolinhos com a ponta dos dedos.

Fígado de carneiro assado no redém

RENDIMENTO: 4 porções
TEMPO DE PREPARO: 3 horas

- 100 g de cebola branca picadinha
- 100 g de cebola roxa picadinha
- 16 g de alho picadinho
- 2 folhas de louro
- 1 galho de alecrim
- 1 galho de sálvia
- 1 galho de manjerona
- 200 ml de azeite de oliva
- 1 fígado inteiro de carneiro (aprox. 1,2 kg)
- Sal grosso a gosto
- 1 redém de carneiro

1. Pique os temperos e as ervas bem miudinhos e junte-os ao azeite de oliva. (Se preferir, faça o azeite de ervas no dia anterior e deixe no congelador de um dia para o outro para ter um azeite aromatizado.)
2. Limpe o fígado, deixando o mais inteiro possível.
3. Passe o azeite de ervas por toda a peça e salgue a gosto.
4. Envolva a peça temperada com o redém, como um embrulho, usando palitos para fechar por inteiro.
5. Coloque em uma assadeira que seja do tamanho da peça, cubra com papel-alumínio e leve ao forno preaquecido a 200 °C para assar por 20 minutos.
6. Retire o papel-alumínio, baixe a temperatura para 160 °C e deixe o fígado assar por mais 15 minutos no forno.
7. Desligue o forno e deixe descansar por aproximadamente 20 minutos antes de servir.

DICA

- Cuidado com o sal, pois o fígado é muito sensível.

CURIOSIDADES

- O fígado de cordeiro é uma ótima fonte de proteínas e é muito rico em vitamina A, ferro e colesterol. No sertão, essa peça é muito consumida por gestantes, mulheres recém-paridas e pessoas convalescentes para ajudar a repor o ferro.
- É também uma comida servida aos sábados, que é quando os animais são abatidos na madrugada para serem vendidos logo cedo nas feiras. Existe a crença de que quanto mais fresco, mais ferro tem.

Meninico de carneiro com pirão

RENDIMENTO: 8 porções
TEMPO DE PREPARO: 3 horas e 30 minutos

MENINICO

150 g de toucinho picado

150 g de linguiça defumada cortada em rodelas

200 g de cebola branca picada

150 g de tomate picado

32 g de alho picado

90 g de cebolinha picada

60 g de hortelã picada

60 g de pimenta-doce picadinha

80 mℓ de vinagre de vinho tinto

80 mℓ de suco de limão-galego

8 trouxinhas (vísceras) de carneiro

1,3 ℓ de caldo de legumes (receita na pág. 185)

3 folhas de louro

40 g de extrato de tomate

Sal a gosto

5 g de cominho

5 g de pimenta-do-reino moída

PIRÃO

150 g de farinha de mandioca

150 mℓ de caldo de legumes (receita na pág. 185)

400 mℓ do caldo de cozimento do meninico

MENINICO

1. Em uma panela funda, aqueça o toucinho picadinho, as rodelas de linguiça, a cebola, o tomate, o alho, a cebolinha, a hortelã e a pimenta-doce. Deixe refogar por 5 minutos.
2. Acrescente o vinagre e o suco de limão, deixando cozinhar por mais 5 minutos.
3. Inclua as trouxinhas na panela, mexa delicadamente e deixe refogar por 10 minutos.
4. Despeje o caldo de legumes até cobrir a mistura com uma altura de dois dedos.
5. Ponha as folhas de louro e o extrato de tomate, corrija o sal e inclua o cominho e a pimenta-do-reino. Mexa suavemente para misturar.
6. Deixe cozinhar por mais ou menos 3 horas ou até que as vísceras que envolvem as trouxinhas estejam moles. Mantenha a panela tampada, mas cheque constantemente para não deixar o caldo secar e endurecer a carne.
7. Desligue o fogo.

PIRÃO

1. Drene metade do caldo do cozimento do meninico e deixe esfriar.
2. Em outra panela, leve o caldo drenado novamente ao fogo, mexendo e adicionando aos poucos a farinha.
3. Deixe cozinhar, mexendo vigorosamente, e finalize adicionando o resto do caldo quente ou, se necessário, use mais caldo de legumes.
4. Quando o pirão estiver soltando do fundo da panela, desligue o fogo, pois estará pronto.

DICAS

- Compre as trouxinhas de carneiro (miúdos e tripas, sangue, cabeça e pés) já prontas.
- Se o gosto do cominho lhe é muito forte, pode diminuir a quantidade. O sertanejo da Bahia, de maneira geral, inclui cominho em todas as comidas.
- Se você gosta de um pirão mais espesso, adicione mais farinha; e se preferir mais mole, inclua mais caldo do cozimento do meninico.
- Esse prato acompanha um molho de pimenta fresco e bem picante, que é para "bater na fraqueza", como se diz na Bahia. (Isso acontece quando o calor da pimenta toma conta da pessoa e ela começa a suar.)

CURIOSIDADES

- No final do século XVIII, a lavoura de cacau chegou à Bahia, em Ilhéus, e junto vieram muitos imigrantes, como um bom número de árabes. A história do meninico começou nessa época.
- No livro *Gabriela cravo e canela*, do baiano Jorge Amado, esse era um dos pratos famosos do restaurante Vesúvio, do turco Nacib, e os coronéis o comiam para dar "sustança" antes de irem ao bordel da cidade.
- Em Salvador, come-se o meninico com frequência nos mercados de abastecimento, e, no interior do estado, o prato também é consumido nos dias de feira, logo pela manhã.
- Fora da Bahia, esse prato é conhecido como buchada.

FESTAS DE LARGO

A culinária se faz muito presente em todas as festas de rua da Bahia. Em Salvador, a de maior notoriedade é a da lavagem do Bonfim, na qual as baianas, devidamente vestidas e levando quartinhas de santo, água de cheiro e flores, partem da Igreja da Conceição da Praia, na Cidade Baixa, para subir em um cortejo de 8 quilômetros a pé até a colina sagrada, onde fica a Igreja do Nosso Senhor do Bonfim (Oxalá, no candomblé).

"QUEM TEM FÉ VAI A PÉ!"

Desse cortejo participam milhares de fiéis, gente de todos os cantos do mundo, vestidos de branco, cantando e dançando. É um ponto alto do sincretismo religioso quando o padre recebe as baianas para uma missa católica, seguida da lavagem das escadarias da igreja. Na sequência, as baianas abençoam os fiéis com água de cheiro na cabeça.

Usar a energia das folhas e das flores para limpar, purificar, renovar: esse é o verdadeiro significado de uma lavagem na Bahia. Essas lavagens, que começaram com as igrejas, foram se popularizando, e hoje, em Salvador, os baianos fazem também lavagens de becos, teatros, bairros, bares, etc.

A segunda maior festa de largo do ano é a festa de Yemanjá. A festa acontece todo dia 2 de fevereiro, na praia do Rio Vermelho, na cidade de Salvador. Um barracão é montado pelos pescadores ao lado da casa de Yemanjá, para que as pessoas possam ir colocar suas oferendas nos balaios. Esses balaios serão levados pelos pescadores para o alto-mar e oferecidos a Yemanjá, plenos de muita energia de fé, amor e gratidão.

E temos ainda o Carnaval de Salvador, que é considerado a maior festa de rua do mundo e uma das mais conhecidas, com todas as suas loucuras, bebidas e comidas espalhadas pelas ruas de toda a cidade.

A cozinha baiana é um espaço de generosidade. O povo baiano gosta tanto de comer como de oferecer comida. E todo o povo se encontra nesse prazer gastronômico: nas festas de rua, não há diferenciação entre as classes sociais. É a democracia da rua posta em prática. Todos celebram, fazem homenagem a seus santos, dançam para exaltar a vida e se deliciam com os mesmos sabores, os mesmos pratos – que vão desde as comidas típicas dos tabuleiros das baianas, passando pelos vendedores ambulantes com seus mingaus, roletes de cana, amendoim cozido e assado, até as barracas, com suas mesinhas simples, mas sempre enfeitadas, servindo caldinhos, aperitivos e muitas outras delícias.

Bolinho de mandioca, carne-seca e queijo coalho

RENDIMENTO: 20 porções
TEMPO DE PREPARO: 1 hora

1 kg de mandioca descascada e cortada em pedaços
150 g de farinha de trigo
100 g de manteiga
3 ovos
250 g de queijo parmesão ralado
100 mℓ de leite
Sal a gosto
150 g de queijo coalho picadinho
150 g de carne-seca desfiada
200 g de farinha de rosca
1 ℓ de óleo (para fritar)
Água (quanto baste)

1. Em uma panela funda, leve a mandioca ao fogo alto com pouca água (somente o suficiente para cobrir os pedaços). À medida que a água for evaporando, coloque água fria para dar um choque térmico, o que ajuda a mandioca a ficar mais tenra.
2. Quando a mandioca estiver tenra, desligue o fogo e escorra a água (mas não jogue fora).
3. Passe a mandioca cozida, ainda morna, por um moedor para formar uma pasta.
4. Em uma tigela, misture a pasta da mandioca ainda morna com a farinha de trigo, a manteiga, os ovos, o parmesão, o leite e o sal. Em seguida, sove essa massa por mais ou menos 15 minutos. Se achar que ela ainda está muito dura, inclua um pouco da água do cozimento (30 mℓ a cada vez), sovando e checando a textura até estar macia.
5. Divida a massa em pedaços e molde os bolinhos, recheando cada um com o queijo coalho picadinho e a carne-seca desfiada.
6. Coloque os bolinhos sobre uma assadeira e leve ao congelador por 20 minutos.
7. Retire do congelador, molhe cada bolinho em um pouco de leite e em seguida empane com a farinha de rosca, cobrindo todos os lados.
8. Aqueça o óleo em uma panela ou frigideira funda.
9. Frite os bolinhos submersos em óleo bem quente e sirva.

DICAS

- Para empanar, você pode substituir a farinha de rosca pela farinha japonesa panko ou por fubá fino de milho.
- Depois de empanados, os bolinhos podem ser novamente congelados para uso futuro, mas, quando for consumir, deixe descongelar em geladeira e frite ainda gelado.

Bolinho de peixe

RENDIMENTO: 20 porções
TEMPO DE PREPARO: 50 minutos

200 mℓ de caldo de peixe (receita na pág. 186)
200 g de salsa picadinha
150 g de coentro picadinho
100 g de cebola picadinha
32 g de alho picadinho
1 kg de carne de peixe escaldado e desfiado (podem ser aparas do caldo ou sobras de uma moqueca ou peixe assado)

2 ovos
Sal a gosto
200 g de farinha de rosca ou farinha japonesa panko
1 ℓ de óleo (para fritar)

1. Bata no liquidificador o caldo da moqueca com a salsa, o coentro, a cebola e o alho. Despeje a mistura em uma tigela.
2. Adicione o peixe desfiado, os ovos e o sal. Sove por mais ou menos 15 minutos até obter uma massa mole.
3. Leve para descansar por 30 minutos na geladeira para a massa encorpar e possibilitar que os bolinhos sejam enrolados.
4. Retire da geladeira e divida a massa em pedaços menores, modelando os bolinhos com as mãos no formato de croquetes.
5. Empane os bolinhos na farinha de rosca misturada com sal ou na farinha panko, cobrindo todos os lados.
6. Aqueça o óleo em uma panela ou frigideira funda.
7. Frite os bolinhos submersos em óleo bem quente e sirva.

DICAS
- A massa é bem mole, e você também pode usar duas colheres de sopa para dar forma aos bolinhos, passando-a de uma colher para a outra até modelar.
- Sempre que for fazer uma moqueca, já faça uma quantidade a mais para garantir o bolinho do dia seguinte!

Caldinho de feijão

RENDIMENTO: 10 porções
TEMPO DE PREPARO: 1 hora e 30 minutos

150 g de bacon picadinho
60 ml de azeite de oliva
200 g de cebola roxa picadinha
100 g de cebola branca picadinha
300 g de tomate picadinho
60 g de alho-poró picadinho
24 g de alho picadinho
40 g de cebolinha picadinha + 50 g para decorar
40 g de coentro picadinho
2 folhas de louro
1 galho de tomilho
500 g de feijão-preto
1,2 l de caldo de legumes (receita na pág. 185)
100 ml de leite de coco
Sal e pimenta-do-reino preta moída a gosto

1. Em uma panela de pressão, frite o bacon até ficar bem sequinho.
2. Inclua o azeite de oliva e as cebolas, o tomate, o alho-poró, o alho, a cebolinha, o coentro, o louro e o tomilho. Refogue por 5 minutos.
3. Adicione o feijão e o caldo de legumes. Mexa bem e tampe a panela, deixando cozinhar por 50 minutos depois que pegar pressão.
4. Retire a panela do fogo e deixe o feijão esfriar um pouco. Quando estiver morno, despeje tudo no liquidificador para triturar.
5. Volte o caldo ao fogo adicionando o leite de coco, o sal e a pimenta moída. Mexa bem.
6. Desligue o fogo e sirva ainda quente, em canecas, com um pouco de cebolinha picada por cima.

DICA
- Fica uma delícia servir o caldinho engrossado com um pouco de farinha de mandioca e com torresmo bem crocante.

CURIOSIDADE
- Além de ser vendido nas festas, em toda feijoada que se preze na Bahia é costume servir, antes do prato principal, um caldinho de feijão com bastante pimenta e engrossado com farinha de mandioca.

Caldinho de mariscos

RENDIMENTO: 10 porções
TEMPO DE PREPARO: 1 hora e 30 minutos

100 ml de azeite de oliva
150 g de cebola roxa picadinha
60 g de alho-poró picadinho
2 folhas de louro
1 galho de tomilho
60 g de pimenta-doce
16 g de alho picadinho
400 g de tomate picadinho
40 g de cebolinha picadinha
40 g de coentro picadinho + 1 ramo para decorar
1 l de caldo de peixe (receita na pág. 186)
150 g de mandioca cozida e cortada em pedaços pequenos
100 g de chumbinho (marisco)
100 g de sururu limpo
100 g de camarão fresco sem casca
100 g de ostras de mergulho (pequenas)
40 ml de azeite de dendê
100 g de filé de peixe
150 ml de leite de coco
Sal a gosto

1. Em uma panela de fundo grosso, leve o azeite de oliva ao fogo com a cebola, o alho-poró, as ervas (louro e tomilho) e a pimenta-doce picadinha. Refogue até a cebola suar.
2. Inclua os demais temperos, refogando por mais 5 minutos.
3. Adicione o caldo de peixe com a mandioca, o chumbinho, o sururu, o camarão, as ostras, o dendê, o filé de peixe e o leite de coco. Mexa bem e deixe cozinhar por 20 minutos.
4. Tire do fogo, retire as folhas de louro e reserve metade dos mariscos para finalizar.
5. Triture o restante dos mariscos com o caldo no liquidificador.
6. Devolva os mariscos reservados à panela com o caldo batido e leve ao fogo por mais 5 minutos.
7. Desligue o fogo e sirva quente em canecas com um ramo de coentro e uma gota de azeite por cima.

DICAS
- Pode-se usar outros mariscos, como vôngoles, papa-fumo, sarnambi, etc.
- Se preferir, sirva com uma gota de cachaça por cima (no lugar do azeite).

CURIOSIDADE
- A Baía de Todos os Santos, que é a maior baía do Brasil, fornece diariamente toneladas de mariscos para abastecer a capital. A coleta de mariscos é um ofício feminino, e as marisqueiras trabalham sempre em grupo e cantando. Muitos grupos têm suas rodas de samba e ensaiam enquanto exploram os manguezais.

Caldinho de mocotó

RENDIMENTO: 6 porções
TEMPO DE PREPARO: 2 horas

1 kg de mocotó lavado e cortado em rodelas
250 mℓ de suco de limão coado
30 mℓ de azeite de oliva
100 g de cebola roxa picadinha
200 g de cebola branca picadinha
30 g de alho-poró picadinho
2 folhas de louro
1 galho de tomilho
60 g de pimenta-doce picadinha
20 g de pimenta dedo-de-moça picadinha

24 g de alho picadinho
300 g de tomate picadinho
60 g de cebolinha picadinha + 50 g para decorar
50 g de coentro picadinho
1 cravo-da-índia
5 g de cominho
3 g de colorau ou urucum
Sal a gosto
1,5 ℓ de caldo de legumes (receita na pág. 185)
Água (quanto baste)

1. Lave bem os mocotós com uma mistura de água gelada e suco de limão. Reserve.
2. Em uma panela de pressão, leve ao fogo o azeite de oliva com as cebolas, o alho-poró, o louro, o tomilho, a pimenta-doce e a pimenta dedo-de-moça. Refogue até a cebola suar.
3. Inclua os demais temperos, o cravo e o cominho e refogue por mais 5 minutos.
4. Inclua os mocotós e mexa bem, refogando por mais 10 minutos.
5. Adicione o caldo de legumes, mexa e tampe a panela. Deixe cozinhar por 50 minutos após pegar pressão.
6. Retire a panela do fogo, tire as folhas de louro, as cartilagens e o couro e triture o restante no liquidificador até obter um caldo espesso, como um creme.
7. Volte ao fogo para ferver. Se quiser um caldinho mais encorpado, deixe reduzir; se quiser mais líquido, adicione mais caldo de legumes.
8. Desligue o fogo e sirva ainda quente, em canecas, com um pouco de cebolinha picada por cima.

DICAS

• Escolha mocotós bem limpinhos. (Se sentir um cheiro estranho ao abrir a embalagem, leve-os ao fogo com água e deixe ferver antes de qualquer passo do preparo.)
• Peça no açougue para já cortar o mocotó em rodelas finas, pois isso vai ajudar a soltar mais gelatina e você terá um caldinho bem espesso.

CURIOSIDADES

• No sertão baiano é comum tomar esse caldo para restaurar as energias. Ele também é muito consumido nos mercados de abastecimento pelos carregadores, principalmente no meio da madrugada, pois é um alimento que "dá sustança", ou seja, que ajuda a sustentar, dar força.
• As mulheres também consomem esse caldo após o trabalho de parto, como uma forma de restaurar as energias depreendidas nesse momento.

Caldinho de sururu

RENDIMENTO: 10 porções
TEMPO DE PREPARO: 1 hora e 30 minutos

100 mℓ de azeite de oliva
150 g de cebola roxa picadinha
60 g de alho-poró picadinho
2 folhas de louro
1 galho de tomilho
40 g de pimenta-doce picadinha
16 g de alho picadinho
400 g de tomate picadinho
40 g de cebolinha picadinha
50 g de coentro picadinho + 50 g para decorar

Sal e pimenta-branca moída a gosto
1,5 ℓ de caldo de peixe (receita na pág. 186)
150 g de mandioca cozida e cortada em pedaços
500 g de sururu limpo
40 mℓ de azeite de dendê
150 mℓ de leite de coco

1. Em uma panela de fundo grosso, leve ao fogo o azeite de oliva, a cebola, o alho-poró, as ervas (louro e tomilho) e a pimenta-doce picadinha. Refogue até a cebola suar.
2. Inclua os demais temperos e mexa bem, refogando por mais 5 minutos.
3. Adicione o caldo de peixe com a mandioca, o sururu e o dendê, mexa e deixe cozinhar por mais 20 minutos.
4. Tire do fogo, retire as folhas de louro e deixe esfriar.
5. Reserve metade do sururu para finalizar e despeje o conteúdo restante da panela no liquidificador, triturando até obter um caldo grosso.
6. Volte o caldo batido ao fogo, junte o leite de coco e deixe ferver destampado por 4 minutos.
7. Desligue o fogo e sirva quente com um pouco do sururu reservado por cima, o coentro picadinho e uma gota de azeite.

DICAS
- O sururu pode ser substituído por outros mariscos, como vôngoles, papa-fumo, sarnambi, etc.
- Se preferir, sirva com uma gota de cachaça por cima (em vez do azeite).

CURIOSIDADE
- O sururu é um marisco encontrado em todo o litoral do Nordeste e é considerado um ingrediente com alto potencial afrodisíaco. Por causa disso, esse caldo também é chamado de "levanta defunto"!

Casquinha de siri

RENDIMENTO: 6 porções
TEMPO DE PREPARO: 1 hora

500 g de siri catado e limpo
100 ml de suco de limão coado
80 ml de azeite de oliva
200 g de cebola branca picadinha
16 g de alho macerado
1 folha de louro
1 galho de tomilho
20 g de pimenta-doce picadinha
300 g de tomate picadinho
40 g de cebolinha picadinha
40 g de coentro picadinho
Sal e pimenta-do-reino branca moída a gosto
40 ml de azeite de dendê
150 ml de leite de coco
Água (quanto baste)

1. Lave a carne de siri com 70 ml do suco de limão misturado com água gelada, depois escorra e reserve.
2. Em uma panela de fundo grosso, leve ao fogo o azeite de oliva com a cebola, o alho, as ervas (louro e tomilho) e a pimenta-doce picadinha. Refogue por mais ou menos 8 minutos, até a cebola suar.
3. Inclua os demais temperos e refogue por mais 8 minutos.
4. Adicione o siri catado, o restante do suco de limão, o dendê e o leite de coco e deixe cozinhar com a panela destampada por 15 minutos ou até que a mistura esteja bem sequinha.
5. Retire do fogo e sirva.

DICAS
- A casquinha de siri costuma ser servida com farofa de manteiga ou de dendê (receita na pág. 43).
- Esse é um prato bem versátil e que rapidamente pode virar uma salada quando misturado com feijão-verde. Também serve de base para frigideiras e escondidinhos.

CURIOSIDADE
- A casquinha de siri com farofa de dendê é presença obrigatória nas mesas dos litorais do Norte e do Nordeste do Brasil. No Sul e no Sudeste, ela ganha uma versão diferente, pois é servida gratinada com adição de queijo e creme de leite.

CURIOSIDADES
- As folhas da maniva contêm ácido cianídrico e por isso precisam desse pré-cozimento por 5 dias; mas nas feiras da Bahia é possível comprar a maniva pré-cozida. (Por segurança, antes de usar as prontas para uso, ferva por mais 4 horas em casa.)
- A maniçoba é um prato típico das culinárias do Pará e de Sergipe, bem como do Recôncavo Baiano e do sertão da Bahia. É usada como prato principal nas festas do Círio de Nazaré em várias de cidades do Pará.
- É um prato de total influência da cultura indígena.

Maniçoba

RENDIMENTO: 6 porções
TEMPO DE PREPARO: 4 horas + 5 dias de preparo das folhas

- 1,5 kg de folhas de maniva
- 200 g de charque dessalgado cortado em cubos
- 200 g de carne de sal presa magra (suína seca e salgada) cortada em cubos
- 300 g de lombinho suíno defumado cortado em cubos
- 200 g de costelinha suína defumada
- 200 g de bacon picadinho
- 400 g de cebola branca picadinha
- 200 g de cebola roxa picadinha
- 40 g de alho picadinho
- 300 g de tomate picadinho
- 60 g de pimentão picadinho
- 4 folhas de louro
- 80 g de pimenta-doce picadinha
- 200 g de linguiça calabresa cortada em rodelas
- 200 g de paio cortado em rodelas
- 3 l de caldo de legumes (receita na pág. 185)
- 60 g de cebolinha picadinha
- 60 g de coentro picadinho
- Sal e pimenta-do-reino moída a gosto
- Água (quanto baste)

1. Ferva as folhas da maniva por 5 dias, trocando a água duas vezes ao dia. Toda vez que escorrer, lave as folhas em água fria e depois coloque nova água na panela para ir novamente ao fogo.
2. Dessalgue as carnes salgadas (charque e carne de sal presa) deixando de molho de um dia para o outro e trocando a água pelo menos cinco vezes.
3. Em uma panela com água, leve as carnes defumadas (lombinho e costelinha) ao fogo alto até ferver. Escorra a água e reserve.
4. Em outra panela funda, frite o bacon picadinho até que fique cor de caramelo.
5. Acrescente as cebolas, o alho, o tomate, o pimentão, o louro e a pimenta-doce e refogue rapidamente por 5 minutos.
6. A seguir acrescente as carnes, a linguiça e o paio e refogue mais um pouco.
7. Adicione o caldo de legumes, as folhas da maniva, a cebolinha e o coentro. Mexa bem e deixe cozinhar com a panela tampada até que as carnes estejam amolecidas.
8. Ajuste o sal e a pimenta-do-reino, se necessário.
9. Desligue o fogo e sirva ainda quente.

DICA

- Sirva a maniçoba com um molho de pimenta fresco, tipo o molho lambão (receita da pág. 127), e com uma boa farinha de mandioca, aquela bem torradinha.

Molho lambão

RENDIMENTO: 1 kg
TEMPO DE PREPARO: 20 minutos

250 ml de azeite de oliva
30 ml de suco limão coado
250 g de cebola branca picadinha
450 g de tomate sem sementes picadinho
30 g de cebolinha picadinha
30 g de coentro picadinho
60 g de pimenta-doce picadinha
20 g de pimenta dedo-de-moça sem sementes picadinha
Sal a gosto

1. Em uma tigela, adicione todos os ingredientes e misture suavemente.
2. Sirva o molho frio.

DICAS

- Esse é um molho fresco, feito na hora de comer, e serve como um excelente acompanhamento para carnes, peixes e aves, por ser de baixíssima picância.
- Se quiser menos acidez, troque o suco de limão por suco de laranja ou tangerina.
- O molho pode ser guardado em geladeira para uso futuro, mas sem o limão e o sal, que devem ser colocados somente na hora de servir.

CURIOSIDADES

- Reza a lenda que, no sertão, quando as mulheres engravidavam, era sempre reservada uma garrafa de cachaça com uma pimenta dentro para abrir depois que a criança nascesse. Após o parto, essa cachaça, conhecida como "lambidinha", era compartilhada entre os homens, e com a pimenta de baixa picância se fazia um molho para ser servido com pirão – que ficou então conhecido como molho lambão. Esse molho era servido à mulher para se recuperar do esforço feito durante o parto. (O nome "lambidinha" é referência ao fato de que o homem é um mamífero que não lambe sua cria após o parto.)
- Hoje em dia, no litoral, o molho lambão é bem picante, sendo feito com pimentas- -malaguetas maceradas.

Rabada com pirão de bredo

RENDIMENTO: 4 porções
TEMPO DE PREPARO: 3 horas e 40 minutos + 24 horas de marinada

RABADA
200 g de cebola roxa picadinha
24 g de alho picadinho
200 g de tomate picadinho
30 g de cebolinha picadinha
30 g de coentro picadinho
300 g de cenoura cortada em cubos
100 g de nabo descascado cortado em rodelas grandes
1 talo de alecrim
2 talos de salsão inteiros, com as folhas
2 folhas de louro
2 bagas de cardamomo
1 cravo-da-índia
20 g de pimenta-doce picadinha
150 mℓ de vinho tinto
1 kg de rabo bovino cortado e limpo
50 mℓ de azeite de oliva
Sal e pimenta-do-reino preta moída a gosto
2 ℓ de caldo de legumes ou de carne (receitas nas págs. 185 e 188)

PIRÃO
600 mℓ do caldo do cozimento da rabada
100 g de farinha de mandioca
Sal a gosto
1 molho (maço) de bredo ou língua-de-vaca cortado em pedaços

RABADA
1. Faça uma marinada com todos os temperos, as ervas, as especiarias e o vinho.
2. Acrescente o rabo (cortado nas juntas) e deixe marinar na geladeira por 24 horas.
3. No dia seguinte, aqueça o azeite em uma panela de pressão e refogue as peças do rabo até que fiquem douradas.
4. Adicione o restante da marinada, o sal, a pimenta-do-reino e o caldo de legumes. Mexa bem e tampe a panela, deixando cozinhar por 30 minutos após levantar pressão.
5. Desligue o fogo e deixe baixar a pressão. Em seguida, incline a panela e, com uma concha, retire 600 mℓ do caldo para fazer o pirão.
6. Volte a rabada ao fogo e deixe reduzir até obter um caldo bem grosso.
7. Desligue o fogo e sirva com o pirão.

PIRÃO
1. Em uma panela funda, leve ao fogo o caldo da rabada (frio) e vá adicionando a farinha de mandioca aos poucos, em chuviscos, mexendo vigorosamente.
2. Quando o caldo começar a engrossar, adicione o bredo aos pedaços e continue mexendo até que o pirão esteja soltando do fundo da panela.
3. Ajuste o sal e finalize com mais um pouco do molho grosso da rabada.

DICAS
- Dê preferência por fazer a marinada em um saco plástico fechado, assim você pode virar a peça de carne de lado algumas vezes enquanto ela estiver marinando na geladeira.
- Também fica uma delícia adicionar maxixe e batatas no final do cozimento, enquanto o molho da rabada está em processo de redução.
- Se você usar o caldo quente para adicionar a farinha de mandioca, em vez de pirão vai obter um escaldado – que também é uma delícia.
- Como alternativa à farinha de mandioca, você também pode usar uma farinha de milho para fazer um angu. (Na Bahia, quando uma pessoa é encrenqueira, pode ser qualificada como "angu de caroço"!)
- O bredo pode ser substituído por folhas de mostarda ou de couve-manteiga.

CURIOSIDADES
- Nas feiras da Bahia, a rabada com pirão é um prato muito consumido com o café da manhã. "Sustança" pura!
- Na Bahia, quando uma pessoa não é considerada confiável, diz-se que "fulano é pirão mole, bate fofo".

Sarapatel de porco

RENDIMENTO: 4 porções
TEMPO DE PREPARO: 2 horas

700 g de sarapatel (miúdos de porco) picadinho
80 mℓ de suco de limão coado
80 mℓ de azeite de oliva
100 g de cebola roxa picadinha
100 g de cebola branca picadinha
15 g de alho picadinho
40 g de pimentão verde picado
40 g de pimentão vermelho picado
200 g de tomate sem sementes picado
60 g de coentro picadinho
60 g de cebolinha picadinha
40 g de hortelã graúda picadinha
40 g de folhas de hortelã miúdas picadas
60 g de pimenta-doce cortada em rodelas finas
15 g de pimenta dedo-de-moça sem sementes picadinha
2 folhas de louro
3 bagas de cardamomo sem a casca
1 canela em pau pequena
6 cravos-da-índia
Sal e pimenta preta moída a gosto
120 mℓ de caldo de legumes (receita na pág. 185)
60 mℓ de vinho tinto
40 mℓ de leite de coco
Água (quanto baste)

1. Lave os miúdos com água gelada misturada ao suco de limão. Em seguida, escorra a água.
2. Escalde os miúdos três vezes em uma panela com água fervente, trocando a água a cada vez.
3. Em outra panela funda, leve o azeite de oliva e todos os temperos e as especiarias ao fogo alto, deixando refogar por 8 minutos.
4. Acrescente os miúdos, o caldo de legumes e o vinho e mexa bem. Baixe o fogo e deixe cozinhar lentamente até obter um cozido com caldo.
5. Adicione o leite de coco para o caldo ficar mais consistente, mexa bem e deixe ferver por mais 4 minutos.
6. Desligue o fogo e sirva ainda quente.

DICAS
- Sirva com um bom molho de pimenta e coma com farinha bem torrada. (Na Bahia, a expressão "comer com farinha" significa que é algo que se faz facilmente. É o mesmo que falar "é mole pro gato!".)
- Quando comprar os miúdos na feira, se estiverem em cubos grandes, repique-os em pedaços menores, pois fica mais bonito e mais gostoso com o sarapatel miudinho.

CURIOSIDADE
- Há indícios de que o sarapatel do Brasil é uma adaptação da receita do sarrabulho português, mas há historiadores que creditam à Índia a origem desse delicioso prato.

Mingau de carimã

RENDIMENTO: 10 porções
TEMPO DE PREPARO: 2 horas

CHÁ AROMÁTICO
120 mℓ de água
3 cravos-da-índia
1 pedaço de canela em pau

MINGAU
250 g de carimã
500 mℓ de leite de coco
2 ℓ de leite
1 ℓ de água
8 g de sal
140 g de açúcar
15 g de manteiga
Canela em pó a gosto (para polvilhar)

1. Faça um chá aromático levando a água, o cravo e a canela ao fogo e mexendo até ferver. Em seguida, coe o chá e reserve.
2. Coloque a carimã em um saco de pano, lave em água corrente e esprema bem até que ela fique limpa e seca.
3. Em uma tigela, misture a carimã com o leite de coco até formar uma massa e reserve.
4. Coloque o leite e a água em uma panela funda, misture bem e leve ao fogo médio para ferver.
5. Quando iniciar a fervura, baixe o fogo e inclua a massa de carimã com leite de coco, misturando até engrossar.
6. Inclua o sal, o açúcar, a manteiga e o chá de cravo e canela. Mantenha a panela no fogo, mexendo por aproximadamente 15 minutos, até que o mingau fique bem cozido.
7. Desligue o fogo e sirva o mingau quente em xícaras ou canecas, polvilhando canela em pó por cima.

CURIOSIDADES

- Carimã corresponde ao subproduto da mandioca obtido a partir da fermentação de sua raiz. Esse processo é herança dos saberes da cozinha indígena.
- No Nordeste, a carimã também é conhecida como puba ou mandioca mole.

- No interior da Bahia, costuma-se colocar os sacos de alinhagem (sacos feitos de fibras) cheios de mandioca amarrados a uma pedra e submersos na beira dos rios. Depois de três dias de molho, essa mandioca é retirada para se fazer a puba.

Mingau de tapioca

RENDIMENTO: 8 porções
TEMPO DE PREPARO: 40 minutos

1 ℓ de leite (frio)
220 mℓ de leite de coco
100 g de farinha de tapioca quebrada ou bolinha
2 g de sal
100 g de açúcar
3 cravos-da-índia
1 canela em pau
Canela em pó a gosto (para polvilhar)

1. Em uma panela funda, coloque o leite frio e adicione todos os outros ingredientes (exceto a canela em pó). Mexa bem para misturar e deixe descansar por 10 minutos.
2. Leve a mistura ao fogo médio e mexa para não pegar no fundo da panela. Quando começar a ferver, baixe bem o fogo e continue mexendo.
3. Deixe cozinhar por alguns minutos, sem parar de mexer, até o mingau engrossar.
4. Desligue o fogo e sirva o mingau quente em xícaras ou canecas, polvilhando canela em pó por cima.

DICAS
- Esse mingau fica mais gostoso quando feito com a tapioca quebradinha, tipo beiju, que é mais comum na Bahia. (Por isso, quando visitar a Bahia, compre um ou mais sacos de beiju e mantenha-os fechados e longe da luz. Duram pelo menos um ano.)
- Se deixar o mingau na geladeira ou no congelador, quando for consumi-lo será necessário acrescentar mais leite para afinar, pois a tapioca vai soltando amido e, com isso, engrossando o mingau.

CURIOSIDADES
- Na Bahia, as crianças a partir dos 6 meses de idade já consomem essa iguaria. Quando uma criança é forte e quase nunca adoece, diz-se: "esse(a) menino(a) foi criado(a) com mingau de tapioca!".
- É muito comum encontrar carrinhos que vendem esse e outros mingaus pelas ruas da Bahia.

– Diga aí, minha tia, que dia a senhora vai?

– Pra onde, meu rapaz?

– Pro São João, minha tia!

– Ora, rapaz, vou sábado, todo mundo vai sábado. Os Pereiras, dona Clotilda com toda a família... Dona Estela, vovó Candinha, Ah! Já chegou do Rio a família Mota, com Marcio, Antônio, Madalena, Marisia, caravanas e caravanas de parentes e amigos...

– Eles vêm para o concurso de quadrilhas, minha tia?

– Eles vêm todo ano pro São João. E é claro, rapaz, que eles vão assistir ao maior Campeonato de Quadrilhas do Nordeste Brasileiro. Não é pra me gabar, mas eu faço parte do júri. Sempre fiz! Já viu o convite? Está uma beleza!

"Como brilham as estrelas no céu,
e com o calor das fogueiras na terra,
vamos fazer o maior festival de quadrilhas do Nordeste Brasileiro.
Muita cor, muita bandeirola,
dançarinos com fantasias fantásticas e cheias de brilhos,
muito casamento na roça
e, claro, os melhores forrós para animar as multidões.
Seu coração vai estourar como os foguetes luminosos!
De tanta emoção
o povo transformando a praça num grande salão
chegando de todo o Brasil para celebrar o São João!
Você não pode perder!"

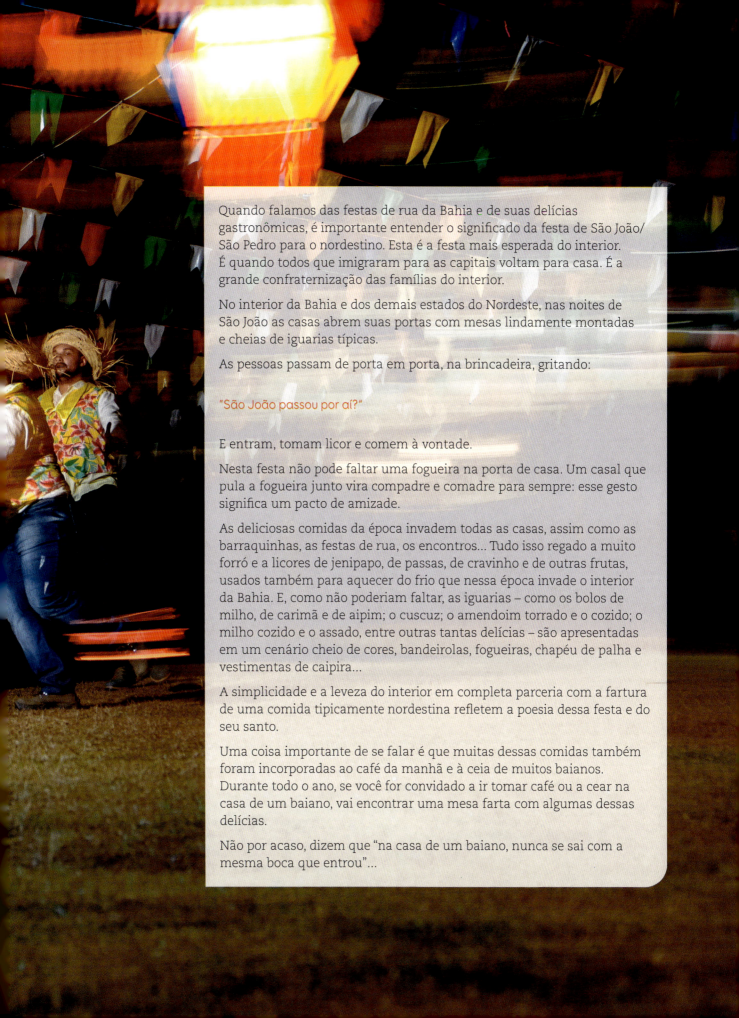

Quando falamos das festas de rua da Bahia e de suas delícias gastronômicas, é importante entender o significado da festa de São João/São Pedro para o nordestino. Esta é a festa mais esperada do interior. É quando todos que imigraram para as capitais voltam para casa. É a grande confraternização das famílias do interior.

No interior da Bahia e dos demais estados do Nordeste, nas noites de São João as casas abrem suas portas com mesas lindamente montadas e cheias de iguarias típicas.

As pessoas passam de porta em porta, na brincadeira, gritando:

"São João passou por aí?"

E entram, tomam licor e comem à vontade.

Nesta festa não pode faltar uma fogueira na porta de casa. Um casal que pula a fogueira junto vira compadre e comadre para sempre: esse gesto significa um pacto de amizade.

As deliciosas comidas da época invadem todas as casas, assim como as barraquinhas, as festas de rua, os encontros... Tudo isso regado a muito forró e a licores de jenipapo, de passas, de cravinho e de outras frutas, usados também para aquecer do frio que nessa época invade o interior da Bahia. E, como não poderiam faltar, as iguarias – como os bolos de milho, de carimã e de aipim; o cuscuz; o amendoim torrado e o cozido; o milho cozido e o assado, entre outras tantas delícias – são apresentadas em um cenário cheio de cores, bandeirolas, fogueiras, chapéu de palha e vestimentas de caipira...

A simplicidade e a leveza do interior em completa parceria com a fartura de uma comida tipicamente nordestina refletem a poesia dessa festa e do seu santo.

Uma coisa importante de se falar é que muitas dessas comidas também foram incorporadas ao café da manhã e à ceia de muitos baianos. Durante todo o ano, se você for convidado a ir tomar café ou a cear na casa de um baiano, vai encontrar uma mesa farta com algumas dessas delícias.

Não por acaso, dizem que "na casa de um baiano, nunca se sai com a mesma boca que entrou"...

Arroz-doce

RENDIMENTO: 6 porções
TEMPO DE PREPARO: 40 minutos

150 g de arroz agulhinha (não pode ser parboilizado)
2 cravos-da-índia
1 canela em pau
1 baga de cardamomo
2 casquinhas de laranja
500 mℓ de leite
150 g de açúcar
300 mℓ de leite de coco
Canela em pó a gosto (para polvilhar)

1. Em uma panela, leve o arroz com as especiarias, a casquinha de laranja e o leite ao fogo médio. Mexa suavemente para envolver.
2. Tampe a panela e mexa suavemente de vez em quando apenas para não deixar o arroz queimar.
3. Quando o arroz estiver tenro, adicione o açúcar e o leite de coco e mexa bem para derreter o açúcar.
4. Baixe o fogo e deixe cozinhar até ficar cremoso, mexendo para não pegar no fundo da panela.
5. Desligue o fogo e retire as casquinhas e as especiarias.
6. Coloque o arroz-doce em canecas ou xícaras, deixe descansar por 15 minutos e sirva polvilhado com canela em pó.

DICAS
- Para fazer as casquinhas de laranja, use uma faca pequena e bem amolada para que não corte junto a parte branca da casca, somente a parte verde ou amarela.
- Fica uma delícia se adicionar um pedaço de gengibre no cozimento (deve ser retirado no final).
- Também pode ser servido gelado com pedaços de manga fresca.

CURIOSIDADE
- Esse prato tem origem na cozinha portuguesa, em que são adicionadas gemas batidas com leite no final do cozimento.

Amendoim cozido

RENDIMENTO: 10 porções
TEMPO DE PREPARO: 2 horas + 1 hora de molho do amendoim

1 kg de amendoim na casca
4 limões cortados ao meio
10 g de sal
1,5 ℓ de água para o cozimento e mais um pouco para deixar de molho

1. Em uma tigela, coloque os amendoins de molho em água fria.
2. Esprema os limões e coloque-os (com as cascas) junto aos amendoins, deixando de molho por 1 hora, para que a casca do amendoim não escureça durante o cozimento.
3. Tire as cascas dos limões e lave os amendoins em água corrente.
4. Coloque os amendoins em uma panela funda e leve-os ao fogo alto com o sal e a água, de maneira que fiquem todos imersos. Cozinhe até que os amendoins estejam moles.
5. Desligue o fogo, escorra a água e sirva os amendoins quentes ou frios.

DICAS

- Cozinhe no mesmo dia em que for consumir os amendoins. Se ainda estiverem morninhos, então, ficam ainda mais deliciosos!
- Nunca cozinhe os amendoins com o limão ainda dentro da panela, pois isso vai escurecer seu amendoim.
- De preferência, compre amendoins novos, com a casca clarinha, pré-lavados.
- Se não consumir todo o amendoim no mesmo dia, guarde na geladeira tampado com um pano. Quando for comer, se quiser quentinho, ferva uma panela de água com sal e jogue os amendoins dentro com o fogo desligado, deixando por 10 minutos. Depois é só escorrer a água e bom apetite!

CURIOSIDADES

- Na Bahia se fala: "Amendoim e coçar, é só começar"! Ou seja, é muito difícil comer um só...
- O amendoim é tido como um potente afrodisíaco.

Bolo de aipim

RENDIMENTO: 1 bolo médio (aprox. 1 kg)
TEMPO DE PREPARO: 1 hora

BOLO

700 g de aipim descascado e cortado
  em rodelas
4 ovos
100 mℓ de leite de coco
150 g de manteiga + um pouco
  para untar
210 g de açúcar
120 g de farinha de trigo + um pouco
  para'untar
50 g de coco seco ralado fresco (não
  pode ser de saco)
14 g de fermento em pó

CHÁ (OPCIONAL)

100 mℓ de água
3 cravos-da-índia
1 canela em pau

1. Em uma panela, coloque o aipim coberto com água fria e leve ao fogo alto até cozinhar. À medida que a água for secando, complete com mais água fria, pois o choque térmico ajuda a amolecer o aipim. Quando estiver bem mole, desligue o fogo e escorra a água.
2. Bata no liquidificador o aipim cozido, os ovos, o leite de coco e a manteiga até formar um creme.
3. Em uma tigela funda, coloque o açúcar, a farinha de trigo e o coco seco ralado. Misture bem para incorporar.
4. Adicione o creme de aipim batido no liquidificador e misture bem.
5. Por último, inclua o fermento e mexa mais um pouco.
6. Unte uma fôrma ou assadeira com um pouco de manteiga e polvilhe com farinha de trigo. Em seguida, despeje a massa do bolo sobre ela.
7. Leve para assar em forno médio preaquecido a 190 °C por aproximadamente 40 minutos, até que a massa esteja dourada.
8. Se você quiser um bolo mais aromático, faça um chá fervendo a água com o cravo e a canela em pau por 5 minutos. Coe antes de usar.
9. Assim que a massa ficar um pouco dura por cima, vá regando aos poucos com colheradas do chá de cravo e canela.
10. Faça o teste do palito: espete um palito no centro da massa e, se ele sair limpo, significa que o bolo está pronto. Desligue o forno e sirva.

DICA

- Se você prefere um bolo mais amanteigado, durante o processo de assar regue a massa com um pouco de manteiga derretida (30 g no máximo).

CURIOSIDADE

- Aipim é o mesmo que macaxeira e mandioca (termos usados em outras regiões do Brasil).

Bolo de puba

RENDIMENTO: 1 bolo médio (aprox. 700 g)
TEMPO DE PREPARO: 1 hora

3 ovos
200 g de manteiga e mais um pouco para untar
400 g de açúcar
240 ml de leite de coco
80 g de coco seco ralado
380 g de massa de puba peneirada
2 g de sal
Farinha (para untar)

1. Com ajuda de uma batedeira, bata os ovos, a manteiga e o açúcar até formar um creme espesso.
2. Adicione o leite de coco, o coco ralado, a puba e o sal e bata em velocidade máxima por 5 minutos.
3. Unte uma fôrma com um pouco de manteiga e polvilhe com farinha de trigo. Em seguida, despeje a massa do bolo sobre ela.
4. Coloque a fôrma dentro de uma assadeira maior com um pouco de água para fazer um banho-maria e leve para assar em forno preaquecido a 150 °C até a massa dourar.
5. Faça o teste do palito: espete um palito no centro da massa e, se ele sair limpo, significa que o bolo está pronto. Desligue o forno e sirva.

DICAS
- Se você prefere um bolo mais amanteigado, durante o processo de assar regue a massa com um pouco de manteiga derretida (30 g no máximo).
- Para fazer a puba em casa, deixe a mandioca descascada de molho num recipiente com água por sete dias. Depois, escorra a água e lave a mandioca abundantemente, ralando-a em seguida. Deixe dentro de um pano limpo e torcido por 8 horas e escorra completamente o líquido – então estará pronta sua massa de puba.

Bolo de tapioca

RENDIMENTO: 1 bolo médio (aprox. 900 g)
TEMPO DE PREPARO: 1 hora

4 ovos
200 g de manteiga e mais um pouco para untar
270 g de açúcar
200 mℓ de leite de coco
100 g de coco seco ralado
300 g de farinha de tapioca quebrada ou bolinha
120 g de farinha de trigo e mais um pouco para untar
3 g de sal
20 g de fermento para bolo

1. Separe as gemas e as claras dos ovos.
2. Com ajuda de uma batedeira, bata as gemas, a manteiga e o açúcar até formar um creme espesso.
3. Adicione o leite de coco, o coco ralado, a tapioca, a farinha de trigo e o sal e bata em velocidade máxima por 3 minutos. Reserve.
4. Utilizando a batedeira ou um fouet, bata as claras em neve e inclua-as na mistura do bolo, mexendo suavemente com uma colher para incorporar.
5. Unte uma fôrma com um pouco de manteiga e polvilhe com farinha de trigo. Em seguida, despeje a massa do bolo sobre ela.
6. Leve para assar em forno preaquecido a 150 °C até que o bolo esteja firme.
7. Faça o teste do palito: espete um palito no centro da massa e, se ele sair limpo, significa que o bolo está pronto. Desligue o forno e sirva.

DICAS
- Se você prefere um bolo mais amanteigado, durante o processo de assar regue a massa com um pouco de manteiga derretida (30 g no máximo).
- Depois que jogar a massa na assadeira, não balance nem passe a colher por cima, senão o bolo "sola", fica duro por dentro.
- Você também pode incluir um cravo na massa, se desejar.

Canjica de milho verde

RENDIMENTO: 8 porções
TEMPO DE PREPARO: 2 horas

6 espigas de milho verde
120 ml de água
200 ml de leite
120 ml de leite de coco fresco
15 g de manteiga
150 g de açúcar
2 g de sal
1 lasca de canela em pau
2 cravos-da-índia
Canela em pó a gosto (para polvilhar)

1. Rale as espigas ou corte-as rente ao sabugo para extrair os grãos de milho.
2. Bata os grãos no liquidificador juntamente da água, deixe assentar e retire o líquido.
3. Passe o milho por uma peneira fina, tipo urupema (peneira de fibra natural), e coloque em uma panela funda.
4. Adicione o leite, o leite de coco, a manteiga, o açúcar, o sal, a lasca de canela e o cravo e leve ao fogo alto, mexendo sem parar.
5. Quando iniciar a fervura, baixe o fogo e continue mexendo até dar o ponto. Para testar, coloque um pouco da canjica em um pires e leve à geladeira para esfriar. Se quando retirar a canjica ela não escorrer, está pronta.
6. Coloque a canjica em um vasilhame fundo e polvilhe com canela em pó antes de servir.

DICAS

- Fica uma delícia comer a canjica com bagaço de coco misturado com açúcar e canela em pó.
- É um prato para se comer no máximo até 2 dias depois de pronto, pois a mistura do milho fresco com o leite de coco libera um visgo e azeda facilmente, mesmo quando mantida em geladeira.
- Se você não tem milho fresco, use o milho em conserva drenado, adicionando 20% a mais de açúcar na sua receita.
- Use panela bem funda, pois quando a canjica começar a engrossar alguns pingos podem espirrar para fora e queimar seu braço.

CURIOSIDADES

- Em outros estados, a canjica baiana leva o nome de curau.
- Reza a lenda que a canjica pode desandar (nunca chegar ao ponto ou ficar aguada) se você trocar de mão quando estiver mexendo, colocar outra pessoa para mexer, ou ainda se alguém colocar a mão na panela para pegar uma prova. Também não funciona se entrar uma pessoa na cozinha e colocar "olho gordo" em sua canjica. Por isso, no interior, a tradição diz que fazer canjica é trabalho para uma pessoa só.

Cuscuz de tapioca

RENDIMENTO: 6 porções
TEMPO DE PREPARO: 25 minutos

150 g de tapioca quebrada ou bolinha
100 ml de leite
150 ml de leite de coco
100 g de coco seco limpo e ralado fino
90 g de açúcar
5 g de sal
40 g de açúcar misturado com 60 g de coco seco ralado grosso (para decorar)

1. Em uma tigela, misture bem todos os ingredientes, exceto o açúcar misturado com coco.
2. Passe um pouco de água no fundo e nas bordas de uma fôrma para não grudar e despeje a mistura. Deixe descansar por 25 minutos em temperatura ambiente coberta com um pano.
3. Por fim, desenforme o cuscuz e decore com o açúcar misturado ao coco seco ralado antes de servir.

DICAS
- Você também pode servir o cuscuz em pedaços, regados com leite condensado.
- Fica bem mais gostoso se você comprar o coco seco, colocar no forno a 150 °C por 10 minutos, depois quebrar, descascar e ralar.

CURIOSIDADE
- Nascido na Bahia, o cuscuz de tapioca é um prato brasileiro baseado no cuscuz de origem árabe, trazido ao país pelos portugueses. Mas, aqui, ele passou a ser preparado a partir da fécula da mandioca, também conhecida como tapioca, que por sua vez é originária da culinária indígena.

Mugunzá

RENDIMENTO: 8 porções
TEMPO DE PREPARO: 1 hora + 2 horas de molho do milho

250 g de milho branco
600 mℓ de água quente
150 g de coco ralado
150 g de açúcar
1 canela em pau
2 cravos-da-índia
30 g de manteiga
450 mℓ de leite
2 g de sal
Canela em pó a gosto (para polvilhar)

1. Em uma tigela, coloque o milho branco na água quente e deixe de molho por 2 horas.
2. Em seguida, coloque-o em uma panela de pressão e leve ao fogo alto por 20 minutos para amolecer.
3. Escorra a água e coloque o milho amolecido em outra panela.
4. Junte os demais ingredientes (exceto a canela em pó) e cozinhe em fogo baixo, mexendo bem até ficar cremoso.
5. Retire do fogo e polvilhe canela em pó antes de servir.

DICA
- Você pode adicionar uma lasca de gengibre ou pedacinhos da casca de um limão-siciliano para dar uma nota mais refrescante ao mugunzá.

CURIOSIDADES
- Esse prato muda de nome de acordo com a região do país. No Sul, ele se chama canjica.
- É muito vendido em carrinhos por ambulantes no Nordeste.
- O nome do prato tem origem na palavra *mu'kunza* – da língua africana quimbundo –, que em português significa milho cozido.

Pamonha de milho (doce)

RENDIMENTO: 12 porções
TEMPO DE PREPARO: 2 horas

6 espigas de milho verde (com as palhas)
80 ml de leite
120 ml de leite de coco fresco
90 g de açúcar
2 g de sal
5 ml de extrato de baunilha
30 g de bagaço de coco ralado (opcional)
Água (quanto baste)

1. Descasque as espigas de milho e reserve as palhas para enrolar as pamonhas.
2. Rale as espigas ou corte-as rente ao sabugo para extrair os grãos de milho.
3. Bata os grãos no liquidificador com o leite, o leite de coco, o açúcar, o sal e a baunilha.
4. Despeje a mistura em uma tigela e mexa bem para encorpar. Nessa etapa você pode incluir o bagaço do coco, que é opcional.
5. Coloque a massa dentro das palhas de milho e amarre bem as pontas com barbante de algodão.
6. Encha uma panela grande com água e leve ao fogo para ferver. Vá colocando as pamonhas uma após a outra, de forma que todas fiquem submersas, e cozinhe por 30 minutos. Não mexa para que elas não se desfaçam.
7. Retire as pamonhas com uma escumadeira e reserve por 40 minutos antes de servir.

DICAS
- A água deve estar realmente fervendo para receber as pamonhas, caso contrário elas vão se desfazer.
- Uma opção é comer a pamonha cortada em pedacinhos e polvilhada com canela em pó.
- Você também pode colocar carne-seca desfiada e queijo coalho dentro das pamonhas, vai ficar uma delícia.

CURIOSIDADES
- Esse prato é comido em todo o Brasil, tanto a pamonha doce quanto a salgada.
- Na Bahia se diz que uma pessoa é pamonha se só faz as coisas quando recebe comando de outra ou quando não faz nada bem feito.

Licor de jenipapo

RENDIMENTO: 30 porções
TEMPO DE PREPARO: 1 hora + 10 dias de descanso

5 jenipapos maduros
750 mℓ de cachaça prata de ótima qualidade
800 mℓ de água
300 g de açúcar

1. Lave e descasque os jenipapos, retirando os caroços.
2. Corte a polpa dos jenipapos e junte com as sementes.
3. Coloque a cachaça e a polpa da fruta com as sementes em um recipiente com tampa para fazer a infusão. Deixe guardado por 10 dias.
4. Depois desse período, passe a mistura por um coador de pano, espremendo as frutas e reservando o líquido da infusão.
5. Em uma panela, prepare uma calda levando ao fogo médio a água e o açúcar e mexendo bem até engrossar (ponto de fio).
6. Inclua a fruta coada na calda e deixe por 3 minutos no fogo, mexendo suavemente. Em seguida, retire do fogo e deixe esfriar.
7. Passe a calda fria por uma peneira fina e descarte a fruta.
8. Junte a calda à infusão e coe (em coador de pano) mais uma vez o licor.
9. Coloque o licor em garrafas de vidro e mantenha-as bem fechadas até o momento de consumir.
10. Sirva o licor bem gelado.

DICAS
- Se o processo de coar se tornar muito lento, significa que o coador deve ser trocado por um novo.
- O tempo de duração desse licor é de pelo menos um ano. Quanto mais o tempo passa, mais gostoso ele fica!

Licor de passas

RENDIMENTO: 30 porções
TEMPO DE PREPARO: 1 hora + 10 dias de descanso

500 g de uvas-passas
750 mℓ de cachaça prata de ótima qualidade
800 mℓ de água
300 g de açúcar

1. Coloque a cachaça e as passas em um recipiente com tampa para fazer a infusão. Deixe guardado por 10 dias.
2. Depois desse período, passe a mistura por um coador de pano, espremendo as frutas e reservando o líquido da infusão.
3. Em uma panela, prepare uma calda levando a água e o açúcar ao fogo médio alto até engrossar (ponto de fio).
4. Inclua as passas coadas, mexa para envolvê-las na calda e deixe por 3 minutos no fogo. Em seguida, retire do fogo e deixe esfriar.
5. Passe a calda fria por uma peneira fina e descarte as passas.
6. Junte a calda à infusão e coe (em coador de pano) mais uma vez o licor.
7. Coloque o licor em garrafas de vidro e mantenha-as bem fechadas até o momento de consumir.
8. Sirva o licor bem gelado.

DICAS
- Se o processo de coar se tornar muito lento, significa que o coador deve ser trocado por um novo.
- O tempo de duração desse licor é de pelo menos um ano. Quanto mais o tempo passa, mais gostoso ele fica!

Sequilhos de nata

RENDIMENTO: 900 g
TEMPO DE PREPARO: 30 minutos

250 mℓ de nata
140 g de açúcar
80 g de goma seca (polvilho doce)
30 g de farinha de trigo
500 g de manteiga
10 g de fermento em pó
3 g de sal

1. Com ajuda da batedeira, bata a nata com o açúcar em velocidade média até obter um creme homogêneo.
2. Adicione os demais ingredientes e vá amassando com as pontas dos dedos até que a massa fique macia, no ponto de enrolar (que é quando está soltando das mãos).
3. Modele os biscoitinhos no formato que desejar e coloque-os em uma assadeira.
4. Leve os sequilhos para assar em forno preaquecido a 180 °C até que fiquem douradinhos.
5. Retire do forno e sirva.

CURIOSIDADES

- Nas casas de fazenda da Bahia é costume manter a "lata da nata": todos os dias, após ferver o leite, retira-se a nata para juntar e fazer o sequilho. No interior, há sempre uma pessoa elegida como a sequilheira mais famosa da cidade.

- Em todos os mercados e feiras da Bahia há sempre uma grande variedade de sequilhos sendo vendida em bancas ou por ambulantes.

Sequilhos de goma

RENDIMENTO: 900 g
TEMPO DE PREPARO: 30 minutos

8 gemas
2 claras
400 g de manteiga
500 mℓ de leite de coco
500 g de açúcar
700 g de goma seca (polvilho doce)

1. Em uma tigela, misture todos os ingredientes, amassando bem com as mãos em movimentos lentos ou então com ajuda da batedeira em velocidade mínima. (Se necessário, vá melando as mãos com um pouco de manteiga para a massa não grudar.)
2. Amasse ou bata a massa até que ela atinja o ponto de fazer os sequilhos (que é quando está soltando das mãos).
3. Modele os biscoitinhos no formato que desejar e coloque-os em uma assadeira.
4. Leve os sequilhos para assar em forno preaquecido a 150 °C até que fiquem bem douradinhos.
5. Retire do forno e sirva.

DICA
- No sertão baiano, é comum modelar os biscoitinhos fazendo pequenas bolinhas e achatando com um garfo. Ficam lindos!

CURIOSIDADES
- Na Bahia é muito comum as pessoas tomarem o café da tarde acompanhado de sequilho.
- Em todos os mercados e feiras da Bahia há uma grande variedade de sequilhos sendo vendida em bancas ou por ambulantes.

NOSSOS DOCES BÁRBAROS

O baiano não costuma sair da mesa sem antes "adoçar a boca" com as deliciosas opções que essa terra oferece.

Nossa rica doçaria tem total influência portuguesa, afinal, os portugueses iniciaram no Brasil o cultivo da cana com o objetivo de produzir açúcar, a principal matéria-prima dos doces.

Ao açúcar se juntaram sua majestade os ovos, outro dos principais ingredientes da tradicional doçaria portuguesa. A falta das oleaginosas (castanhas, avelãs, amêndoas...), tão usadas pelos portugueses, levou as cozinheiras dos solares a se arriscarem nas adaptações, incluindo, com sucesso, as frutas brasileiras, o que resultou na riqueza de nossas compotas de frutas. Mais tarde veio a inclusão do coco, que, embora seja asiático, adaptou-se divinamente em terras brasileiras, resultando na variedade de cocadas, quindins, beijinhos, bom-bocados e tantos outros quitutes feitos com esse fruto.

E as criações não pararam por aí: veio também o arroz-doce, a baba de moça, o recheio de beijus, a canjica, o mugunzá, o lelê, os pudins e outras muitas delícias que deixam qualquer um com água na boca.

Nas mesas das famílias mais abastadas e nas grandes festas da Bahia, sempre está presente uma grande variedade de doces finos, e nas ruas reinam os doces de tabuleiro, que indicam a democratização, o coletivismo – como as cocadas, o puxa-puxa feito de mel de engenho, o quebra-queixo, o nego-bom e muitos outros.

Passear pelas ruas da Bahia no final da tarde é encontrar vendedores ambulantes com seus ricos tabuleiros, que passam sempre gritando para vender os doces. Essa tradição se iniciou no período colonial, com as negras de ganho que saíam às ruas para vender quitutes após uma jornada de trabalho na casa de seus senhores. O hábito de vender nas ruas continua existindo até hoje.

Oia, o quebra-queixo da baiana,
Só não compra quem não quer
Porque gostoso ele é!

Ambrosia

RENDIMENTO: 10 porções
TEMPO DE PREPARO: 2 horas

10 ovos
1 kg de açúcar
2 ℓ de leite gordo (integral)
1 lasca de canela
3 cravos-da-índia
10 mℓ de suco de limão
40 mℓ de suco de laranja ou vinagre
2 casquinhas de laranja sem a parte branca

1. Separe as claras e as gemas dos ovos.
2. Em uma tigela funda, bata as claras em neve com ajuda de uma batedeira ou de um fouet.
3. Misture as gemas nas claras cuidadosamente com ajuda de uma colher.
4. Adicione aos poucos o açúcar e o leite, mexendo cuidadosamente até formar um creme.
5. Adicione as especiarias e os sucos de limão e de laranja, mexa e transfira a mistura para uma panela.
6. Leve a ambrosia ao fogo bem baixo, mexendo cuidadosamente com um garfo para não quebrar os bolos, e cozinhe até ficar dourada.
7. Desligue o fogo, espere esfriar e sirva gelada.

DICAS
- Se cozinhar em um tacho de cobre, vai ter um doce com uma cor mais linda ainda.
- Sirva com queijo do reino, fica uma delícia!
- Também pode ser combinada com todas as compotas: de figo, de goiaba, de groselha, de laranja, etc...

CURIOSIDADES
- Reza a lenda que, na mitologia grega, havia um alimento mágico chamado ambrosia, comumente oferecido aos deuses do Olimpo. Ele tinha o poder de cura e concedia felicidade ao humano que o consumisse, mas também podia ser letal se comesse demais... (Apesar de não ser mágico, o sabor da nossa ambrosia também é poderoso, você não acha?)
- Dizem que comer ambrosia quente dá dor de barriga, mas é só mais uma lenda inventada na época do Brasil colônia para afastar os escravos das iguarias da casa-grande.

Compota de banana cortadinha

RENDIMENTO: 6 porções
TEMPO DE PREPARO: 3 horas

1 kg (12 unidades médias) de bananas-prata bem maduras
300 g de açúcar refinado
1,2 ℓ de água
2 cravos-da-índia
1 lasca de canela em pau
50 mℓ de suco de limão coado

1. Descasque e corte as bananas em rodelas bem largas. Reserve.
2. Em uma panela funda e de boca larga, leve o açúcar ao fogo médio e vá mexendo vagarosamente até formar um caramelo claro.
3. Adicione a água e as especiarias, mexa para misturar e deixe levantar fervura.
4. Inclua a banana e o suco do limão e misture bem.
5. Abaixe bem o fogo e deixe cozinhar lentamente, sem mexer, até que o doce esteja avermelhado.
6. Desligue o fogo e deixe esfriar. Sirva bem geladinho.

DICAS

- O segredo é usar o fogo bem baixinho - quase desligado - na hora de cozinhar, e a banana precisa estar bem madura, com a casca "pintadinha", pois quanto mais madura estiver, mais doce, gostosa e colorida ficará a sobremesa.
- Fica melhor ainda se tiver um tacho de cobre para cozinhar e servir o doce, pois a tonalidade vai ser mais avermelhada.
- Também é possível fazer a compota com banana-de-são-tomé.
- É uma delícia comer com requeijão cremoso.

CURIOSIDADE

- Esse era um dos doces prediletos do escritor baiano Jorge Amado.

Doce-puxa de caju com castanha

RENDIMENTO: 10 porções
TEMPO DE PREPARO: 3 horas

20 cajus grandes sem as castanhas
600 g de açúcar
800 mℓ de água
60 mℓ de suco de limão coado
1 lasca de canela
2 bagas de cardamomo
2 cravos-da-índia
200 g de castanhas-de-caju torradas

1. Fure os cajus com um garfo fino e esprema para tirar todo o suco. Em seguida, esfiape os frutos e reserve o suco.
2. Em uma panela funda, leve ao fogo médio o açúcar, metade da água, o suco dos cajus e o suco do limão. Mexa suavemente para misturar.
3. Deixe levantar fervura e adicione os fiapos do caju, a canela, as sementes do cardamomo e os cravos. Cozinhe em fogo bem baixo, mexendo continuadamente para não queimar.
4. Se, durante o cozimento, você achar que seu doce está ficando muito seco, vá colocando mais água aos poucos (100 mℓ por vez) para que ele cozinhe melhor, até o doce ficar bem vermelho e seco.
5. Quando der o ponto de puxa (que é a fruta cozida, sem caldo, avermelhada e "puxenta"), adicione as castanhas torradinhas, mexa vigorosamente e desligue o fogo.
6. Sirva em temperatura ambiente.

DICAS

- Esse doce combina bem com requeijão cremoso ou queijo catupiry.
- Se guardar o doce na geladeira, tire e deixe em temperatura ambiente por 2 horas antes de consumir, ou será difícil mastigar!
- Use um tacho de cobre ou uma panela de inox com fundo duplo para cozinhar o doce. Evite panelas de alumínio, pois elas mudam a cor da fruta com a oxidação do alumínio.

Cocada de forno

RENDIMENTO: 6 porções
TEMPO DE PREPARO: 1 hora

700 g de coco fresco ralado fino
60 g de queijo do reino ralado
50 g de farinha de trigo
500 g de açúcar
255 mℓ de leite
2 ovos
Manteiga (para untar)

1. Unte um vasilhame de vidro com um pouco de manteiga e reserve.
2. Coloque todos os ingredientes em uma panela e leve ao fogo médio, mexendo bem para misturar.
3. Quando levantar fervura, deixe cozinhar por mais 3 minutos e em seguida retire a panela do fogo e coloque a cocada no vasilhame untado.
4. Leve ao forno preaquecido a 180 °C e deixe até a cocada dourar.
5. Retire do forno e sirva a cocada quente ou em temperatura ambiente.

DICAS

- Se você só tiver coco desidratado, hidrate-o com água de coco antes de usar.
- Você pode substituir o queijo do reino por queijo parmesão.
- Se guardar a cocada na geladeira, aqueça no micro-ondas por 1 minuto antes de comer.

Compota de abacaxi em rodelas

RENDIMENTO: 8 porções
TEMPO DE PREPARO: 3 horas + 24 horas de descanso do doce

1 abacaxi grande e maduro, mas firme
500 mℓ de água
750 g de açúcar
1 lasca de canela
2 cravos-da-índia
2 bagas de cardamomo

1. Descasque o abacaxi e corte-o em rodelas finas.
2. Em uma panela funda de boca larga, leve a água, o açúcar, a canela, o cravo e as sementes do cardamomo ao fogo médio. Mexa bem e deixe por 15 minutos até levantar fervura.
3. Inclua as rodelas de abacaxi, envolvendo-as delicadamente na calda, e baixe bem o fogo, deixando cozinhar até que elas estejam macias e a calda mais espessa.
4. Desligue o fogo e deixe o doce descansar na panela por 24 horas.
5. No dia seguinte, volte a panela ao fogo baixo para dar o ponto na calda, que deve ficar bem espessa.
6. Desligue o fogo novamente, retire a canela e os cravos e coloque a compota em uma tigela na geladeira.
7. Sirva a compota gelada.

DICAS

- As cascas do abacaxi servem para fazer uma bebida chamada aluá, que resulta da fermentação das cascas acrescentando gengibre e rapadura para adoçar. É muito usada nas festas do candomblé.
- Se você tiver ananás, a compota também fica uma delícia.
- Use um tacho de cobre ou uma panela de inox de fundo duplo para cozinhar o doce. Evite panelas de alumínio, pois elas mudam a cor da fruta com a oxidação do alumínio.

Compota de caju

RENDIMENTO: 10 porções
TEMPO DE PREPARO: 5 horas + 24 horas de descanso do doce

20 cajus sem as castanhas
600 g de açúcar
50 ml de suco de limão coado
2 cravos-da-índia
1 lasca de canela
2 bagas de cardamomo
900 ml de água

1. Com um garfo fino, faça seis furos em cada um dos cajus inteiros e esprema delicadamente para tirar um pouco do suco, sem amassar muito as frutas. Reserve os cajus e o suco separadamente.
2. Em uma panela funda, leve o açúcar, o suco dos cajus e do limão, as especiarias e 500 ml da água (o suficiente para formar uma calda) ao fogo alto. Mexa bem para misturar e deixe levantar fervura.
3. Acrescente os cajus inteiros e espremidos, envolvendo-os delicadamente na calda, e baixe o fogo para cozinhar, mexendo sempre e cuidadosamente para não grudar no fundo da panela e não amassar os cajus.
4. Vá adicionando água aos poucos (100 ml por vez) para o doce não secar e deixe cozinhar por aproximadamente 4 horas ou até os cajus ficarem moles e com uma cor avermelhada, com bastante calda. Esse é o ponto do primeiro dia.
5. Desligue o fogo, cubra com um pano e deixe descansar por 24 horas.
6. No dia seguinte, volte o doce ao fogo baixo, sem mexer, e deixe até a calda engrossar.
7. Desligue o fogo e espere o doce esfriar. Sirva gelado.

DICAS
- Esta compota combina bem com requeijão cremoso ou queijo catupiry.
- Use um tacho de cobre ou uma panela de inox de fundo duplo para cozinhar o doce. Evite panelas de alumínio, pois elas mudam a cor da fruta com a oxidação do alumínio.

Compota de goiaba

RENDIMENTO: 8 porções
TEMPO DE PREPARO: 3 horas

1 kg de goiaba vermelha madura, mas durinha
700 mℓ de água
700 g de açúcar
1 lasca de canela
1 cravo-da-índia
1 folha de louro
1 pimenta-doce inteira

1. Lave as goiabas e descasque-as, retirando a pele fina. Em seguida, corte-as ao meio e, com uma colher de sobremesa, retire as polpas. Reserve as frutas e as polpas separadamente.
2. Bata as polpas com a água no liquidificador em modo pulsar. Em seguida, coe em uma peneira fina para obter um suco. Reserve.
3. Em uma panela funda de boca larga, leve o suco de goiaba, o açúcar, a canela, o cravo, o louro e a pimenta-doce ao fogo alto. Mexa bem e deixe cozinhar por 15 minutos até levantar fervura.
4. Inclua as goiabas e baixe bem o fogo, deixando cozinhar até que estejam macias e a calda espessa.
5. Desligue o fogo, retire a canela e a pimenta e leve o doce para a geladeira.
6. Sirva a compota gelada.

DICAS
- As polpas das goiabas também servem para fazer geleia.
- Fica uma delícia comer esta compota com creme de leite fresco.
- Use um tacho de cobre ou uma panela de inox de fundo duplo para cozinhar o doce. Evite panelas de alumínio, pois elas mudam a cor da fruta com a oxidação do alumínio.

CURIOSIDADES
- Os índios aruaque, da Amazônia, chamam o fruto de *guiaba* – nome que deu origem à palavra goiaba.
- Na Bahia, quando uma pessoa é muito chata, do tipo que cria caso com tudo, diz-se que ela é "bicho de goiaba".

Pudim de tapioca com calda de espumante e especiarias

RENDIMENTO: 8 porções (em cumbucas de 100 g)
TEMPO DE PREPARO: 1 hora e 30 minutos + 1 hora de hidratação da tapioca

PUDIM
- 70 g de farinha de tapioca
- 450 ml de leite morno, quase frio
- 3 ovos inteiros
- 3 gemas
- 200 ml de leite de coco
- 120 g de coco fresco ralado fino
- 325 g de leite condensado
- 15 g de manteiga derretida + um pouco para untar
- Açúcar (para polvilhar)

CALDA
- 750 ml de espumante
- 300 g de açúcar
- 30 g de pimenta dedo-de-moça inteira
- 2 cravos-da-índia
- 1 lasca de canelas
- 4 cardamomos
- 2 grãos de pimenta-da-jamaica inteiros
- 6 grãos de pimenta-do-reino branca inteiros
- 6 pimentas-do-reino pretas
- 6 grãos de pimentas-rosas
- 2 pimentas-doces cortadas ao meio
- 30 g de gengibre fresco cortado em lascas

PUDIM
1. Em uma tigela, hidrate a tapioca com o leite morno e deixe descansar por 1 hora.
2. Em outra tigela, emulsione os ovos e as gemas com a ajuda de um fouet (batedor de arame). Mexa vigorosamente por 5 minutos, sem bater, e em seguida adicione a tapioca hidratada e os demais ingredientes. Misture bem.
3. Unte as cumbucas com um pouco de manteiga e polvilhe açúcar por cima.
4. Despeje a massa do pudim nas cumbucas e coloque-as dentro de uma assadeira maior com um pouco de água para fazer um banho-maria. Tampe a assadeira.
5. Leve ao forno para assar a 200 °C, tampado, até que os pudins estejam cozidos e corados. (Para testar, enfie um palito no pudim: se o palito sair seco é porque está pronto.)
6. Desligue o forno e sirva os pudins ainda quentes nas próprias cumbucas com a calda à parte.

CALDA
1. Em uma panela, coloque todos os ingredientes e leve ao fogo alto, mexendo bem até ferver.
2. Quando a calda reduzir à metade, desligue o fogo e coe.
3. Espere a calda esfriar e sirva com o pudim ainda quente.

DICAS
- Se você só tiver coco desidratado, hidrate-o com água de coco antes de usar.
- Prefira as farinhas de tapioca quebradas em vez das de bolinhas, pois seu pudim terá uma consistência melhor.
- Se guardar o pudim na geladeira, esquente no micro-ondas por 30 segundos antes de servir.

Quindim

RENDIMENTO: 8 porções
TEMPO DE PREPARO: 1 hora e 30 minutos

250 g de coco fresco ralado fino
700 g de açúcar + um pouco para polvilhar
15 gemas
40 g de manteiga derretida + um pouco para untar

1. Em uma tigela funda, junte todos os ingredientes e mexa para misturar bem.
2. Unte as forminhas com um pouco de manteiga e polvilhe açúcar por cima.
3. Despeje a massa do quindim nas forminhas e coloque-as dentro de uma assadeira maior com um pouco de água para fazer um banho-maria.
4. Leve para assar em forno preaquecido a 180 °C por aproximadamente 30 minutos até que os quindins estejam firmes e corados.
5. Desligue o fogo e leve os quindins para gelar.
6. Desenforme os quindins antes de servir.

DICA
- O quindim desenforma melhor quando gelado; se tentar quando ainda estiver quente, ele pode quebrar.

CURIOSIDADE
- Muitos dos doces portugueses surgiram nos antigos conventos, onde as freiras elaboravam receitas saborosíssimas a partir dos poucos ingredientes de que dispunham. O quindim é muito parecido com um doce português chamado brisa-de-lis, mas no Nordeste brasileiro as amêndoas foram substituídas pelo coco. O nome "quindim", por sua vez, tem origem africana.

RECEITAS DE BASE

As receitas deste capítulo são usadas em várias das preparações contidas no livro.

Os caldos bases, como o nome já diz, são a base essencial para uma boa comida e devem ser preparados com muito carinho.

Aliás, carinho é o que não falta neste livro. Nessa deliciosa viagem pela cultura baiana através dos sabores, encontramos a riqueza nos detalhes que nossa chef Tereza Paim descobriu mergulhando em texturas, cores e sabores e desvendando temperos e novos aromas.

Assim, Tereza imprimiu nestas receitas de base – assim como em todas as outras deste livro – sua identidade com a inclusão de alguns ingredientes que são verdadeiros toques especiais, trazendo para os pratos muito mais sabor.

Aproveite!

Caldo de camarão

RENDIMENTO: 500 ml
TEMPO DE PREPARO: 1 hora

500 g de cabeças e cascas de camarão
1,2 l de água
2 folhas de louro
70 g de nabo cortado em cubos
300 g de cebola branca cortada em cubos
200 g de tomate cortado em cubos
100 g de cenoura cortada em cubos
60 g de pimenta-doce picada
50 g de alho-poró picado
50 g de coentro picado
50 g de cebolinha picada
2 dentes de alho inteiros
40 g de salsão

1. Em uma panela funda, leve as cabeças e as cascas de camarão ao fogo médio até que mudem para uma cor avermelhada.
2. Adicione os demais ingredientes, mexa bem, baixe o fogo e deixe o líquido reduzir pela metade.
3. Desligue o fogo e escorra o líquido, espremendo levemente os temperos e os camarões para obter um caldo bem espesso.

DICAS

- Cozinhe em fogo baixo para que seu caldo ganhe sabor sem evaporar em demasia na ebulição.
- Prefira os camarões frescos para fazer o caldo.
- Se não tiver cabeças e cascas de camarão, use o camarão inteiro, mas com metade da quantidade usada nesta receita.
- Você pode congelar o caldo para usar no futuro. Compre forminhas de gelo para guardar separadamente, pois ele pode lhe socorrer a qualquer momento, acrescentando sabor à sua comida.

Caldo de legumes

RENDIMENTO: 500 ml
TEMPO DE PREPARO: 1 hora

1 ℓ de água
2 folhas de louro
80 g de nabo cortado em cubos
200 g de cebola branca cortada em cubos
100 g de cebola roxa cortada em cubos
150 g de tomate cortado em cubos
100 g de cenoura cortada em cubos

40 g de pimenta-doce picada
50 g de alho-poró picado
50 g de cebolinha picada
2 dentes de alho inteiros
50 g de salsão
2 bagas de cardamomo
2 galhos de tomilho

1. Em uma panela funda, coloque todos os ingredientes, mexa bem e leve para cozinhar em fogo baixo.
2. Deixe o líquido reduzir pela metade.
3. Desligue o fogo e escorra o líquido em uma peneira fina, espremendo levemente os temperos e os legumes para obter um caldo bem espesso.

DICAS

- Cozinhe em fogo baixo para que seu caldo ganhe sabor sem evaporar em demasia na ebulição.

- Você pode congelar o caldo para usar no futuro. Compre forminhas de gelo para guardar separadamente, pois ele pode lhe socorrer a qualquer momento, acrescentando sabor à sua comida.

Caldo de peixe

RENDIMENTO: 500 mℓ
TEMPO DE PREPARO: 1 hora

500 g de cabeça, espinhas e barriga de peixe
1,2 ℓ de água
90 g de nabo cortado em cubos
300 g de cebola branca cortada em cubos
100 g de cenoura cortada em cubos
200 g de tomate cortado em cubos
40 g de pimenta-doce picada
50 g de alho-poró picado

50 g de coentro picado
50 g de cebolinha picada
2 dentes de alho inteiros
2 folhas de louro
10 grãos de semente de coentro
6 grãos de pimenta-do-reino branca inteiros
1 grão de pimenta-da-jamaica inteiro
1 grão de zimbro inteiro
1 galho de tomilho

1. Em uma panela funda, coloque todos os ingredientes, mexa bem e leve para cozinhar em fogo baixo. Durante o cozimento, vá tirando a espuma que se forma na beirada da panela, pois isso é sujeira para seu caldo.
2. Deixe cozinhar até reduzir o líquido pela metade.
3. Desligue o fogo e escorra o líquido com uma peneira fina, espremendo levemente os temperos e o peixe para obter um caldo bem espesso.

DICAS

- Cozinhe em fogo baixo para que seu caldo ganhe sabor sem evaporar em demasia na ebulição.
- Prefira os peixes brancos, frescos e de escama para fazer o caldo.
- Caso você não tenha cabeça, espinha e barriga, use um pedaço de peixe ou adquira um peixe pequeno inteiro para fazer o caldo.

- Você pode congelar o caldo para uso futuro. Compre forminhas de gelo para guardar separadamente, pois ele pode lhe socorrer a qualquer momento, acrescentando sabor à sua comida.

Caldo de carne

RENDIMENTO: 500 ml
TEMPO DE PREPARO: 1 hora

20 ml de óleo de milho

500 g de carne magra com osso

1,2 ℓ de água

70 g de nabo cortado em cubos

100 g de cebola branca com casca
cortada em cubos

100 g de cebola roxa com casca cortada
em cubos

150 g de cenoura cortada em cubos

20 g de pimenta-doce picada

50 g de salsão picado

40 g de alho-poró picado

2 folhas de louro

1 galho de alecrim

2 galhos de tomilho

2 dentes de alho inteiros

15 grãos de semente de coentro

2 grãos de pimentas-da-jamaica secas
inteiras

1 semente de zimbro inteira

3 bagas de cardamomos abertas

1. Em uma panela de fundo grosso, aqueça o óleo e sele a carne até que esteja bem fritinha e que o fundo da panela esteja caramelizado.
2. Adicione os demais ingredientes e mexa bem até soltar o caramelo do fundo da panela.
3. Cozinhe o caldo em fogo bem baixo. Durante o cozimento, vá tirando a espuma que se forma na beirada da panela, pois isso é sujeira para seu caldo.
4. Deixe o líquido reduzir pela metade.
5. Retire do fogo e escorra o líquido, espremendo levemente os temperos e a carne para obter um caldo bem espesso.

DICAS

- Cozinhe em fogo baixo para que seu caldo ganhe sabor sem evaporar em demasia na ebulição.
- Você pode congelar o caldo para usar no futuro. Compre forminhas de gelo para guardar separadamente, pois ele pode lhe socorrer a qualquer momento, acrescentando sabor à sua comida.

Polvo base

RENDIMENTO: 1 kg
TEMPO DE PREPARO: 2 horas e 30 minutos

2 kg de polvo limpo e eviscerado
200 g de cebola branca cortada em cubos
200 g de cebola roxa cortada em cubos
100 g de cenoura cortada em cubos
1 talo de salsão inteiro
2 dentes de alho cortados ao meio
20 grãos de semente de coentro
2 cravos-da-índia
2 folhas de louro
40 g de pimenta-doce cortada em rodelas
2 galhos de tomilho
3 bagas de cardamomo abertas

1. Em uma panela de fundo grosso, coloque todos os ingredientes, mexa bem e leve para cozinhar em fogo baixo com a panela tampada.
2. Quando o polvo estiver macio (você deve conseguir furá-lo com um garfo), retire a panela do fogo e deixe esfriar (com a panela tampada).
3. Retire o polvo do caldo e corte-o em cubos. Reserve para utilizar em outras preparações.
4. Coe o caldo e guarde para outras preparações.

DICAS
- O caldo de polvo é ideal para fazer risoto ou arroz de polvo.
- Se congelar os pedaços de polvo para usar depois, lembre-se sempre de descongelar na geladeira ou em temperatura ambiente antes de utilizar. Nunca use micro-ondas, forno ou fogo para descongelar.
- Nunca salgue o polvo antes da hora de usar para que não fique borrachudo.

FIM DE UMA VIAGEM E INÍCIO DE OUTRA...

Este livro propõe uma viagem que nunca termina.

Quem foi tocado pelos sabores e pelas delícias da gastronomia baiana leva na sua bagagem um pouco das sabedorias indígena, africana e portuguesa.

Descobre a importância da energia com a qual se prepara uma comida. Da escolha cuidadosa dos ingredientes, da forma de oferecer para a sua família, os seus amigos e os seus santos.

Você entende que comida não é só alimento, é cultura, porque fala muito de cada povo, de onde ele vive e de sua forma de se relacionar.

Como a cozinha é um espaço de generosidade, este livro não poderia deixar de oferecer um pouco da maior riqueza que uma pessoa pode oferecer a outra: seu conhecimento!

Cada sabor tem uma história, proporciona uma experiência, e com esse conhecimento você também pode fazer da sua vida uma constante exploração de sabores, tornando cada encontro à mesa ainda mais especial e memorável.

Por isso, beba, saboreie e se delicie aprendendo os segredos que as baianas têm a oferecer, e torne a sua cozinha muito mais nordestina e brasileira. Que a viagem continue...

A caminhada é longa, e queremos encontrar você na Bahia.

Muito Axé!

Tereza Paim   Sonia Robatto

Chegou uma hora muito gostosa, em que você pode descobrir um pouco mais sobre o significado de algumas palavras que com certeza vai ouvir quando estiver passeando pela Bahia. Umas palavras são nomes de comidas, frutas, bebidas comuns em nossa terra. Outras estão ligadas à cultura baiana, ao jeito de ser do baiano e a como ele se expressa na vida e na sua relação com a comida. Você vai entender frases como:

> "Nosso almoço 'tava delícia, comi tanto que fiquei empanzinado e bateu banzo!"

> "Essa comida tem Axé! Não me diga que não vai querer?"

> "Aonde? Vou me lavar!"

> "Não dá pra cozinhar de calundu..."

> "Comer demais me deixa borocoxô."

> "Venha aqui, rapaz, você fez uma mandinga nessa canjica?"

> "Ontem foi um fuzuê retado. Saí cedinho de minha casa, caí na gandaia e de lambuja ainda bati um rango na casa de mainha!"

LÍNGUA POPULAR BAIANA

Conheça aqui um pouco da nossa língua popular baiana!

ABRIDEIRA • Refere-se ao primeiro de tudo: o primeiro copo, a primeira dança, o primeiro prato...

AGOGÔ • Nome de um molho de pimenta e também de um instrumento musical usado nas rodas de tambor.

ALUÁ • Bebida fermentada feita das cascas do abacaxi ou do milho com açúcar. É muito servida nos terreiros de candomblés durante as cerimônias.

ANGU • Pirão duro feito de farinha de milho branco ou amarelo, muito servido com galinha de molho pardo. A expressão "angu de caroço" é usada para designar alguma coisa muito complicada.

ARMENGUE • Uma coisa improvisada, malfeita, que vai durar pouco.

AXÉ • Saudação. Tem a ver com tudo que traz ou emana boas energias. Desejar axé a alguém é desejar boa sorte, boas energias vitais e espirituais. Dizer que alguém tem axé é porque a pessoa emana boas energias.

BABÁ • A pessoa que cuida das crianças.

BABA • Jogo de futebol entre amigos, o mesmo que "pelada".

BABA DE MOÇA • Doce tradicional da culinária baiana, de origem conventual. (Nos conventos portugueses, como as claras dos ovos eram usadas para engomar as roupas, diversos doces passaram a ser feitos com as gemas que sobravam. A baba de moça é um exemplo, por isso a classificação de "doce conventual".)

BALANGANDÃS • Enfeites, originalmente de prata ou de ouro, usados em dias de festa pelas baianas de antigamente.

BANZO • Estado de depressão que levava até à morte os escravos com saudades de sua terra natal. Hoje essa expressão é usada para indicar moleza no corpo. Como se diz na Bahia, é o mesmo que "leseira".

BEIJU • Iguaria tipo biscoito feita de forma artesanal, unicamente de tapioca e em formatos variados, nas casas de farinha do interior. O beiju serve de base para canapés nas festas e também é muito apreciado pelos baianos no café da manhã e nas ceias.

BENÇA • Expressão que vem de "bênção" e significa que a coisa é boa demais. "Que bença!"

BOCA MIUDA • É o mesmo que burburinho, ti-ti-ti: um segredo contado de pessoa a pessoa.

BOROCOXÔ • Pessoa desolada, entristecida e de baixo astral. Se diz das pessoas que estão sem graça. Se diz também "fulano perdeu a chave", está sem graça.

BUGIGANGA • Uma coisa de pouco ou nenhum valor ou utilidade, malfeita, mal-acabada.

CACETINHO • Pão francês pequeno.

CALUNDU • Mau humor. Estar de calundu é o mesmo que estar amuado, "de ovo virado".

DEIXE ESTAR • Uma ameaça. É o mesmo que dizer "você não perde por esperar".

DENGO • Fazer um dengo é fazer um agrado, um carinho. Estar de dengo é fazer manha, birra.

DENGOSO • Manhoso. Chorão.

EBÓ • É um ritual praticado pelas religiões de matriz africana, com fins de corrigir pendências variadas na vida das pessoas, que podem ser de ordem afetiva, econômica, física, espiritual, etc. É feito com muitos alimentos e velas, adereços, charutos, tecidos, etc.

EMPANZINADO • Quando se tem a sensação de ter comido demais.

FUZUÊ • Pode ter muitos significados. Por exemplo, pode ser usado pra falar de uma situação muito boa, em que várias pessoas estão reunidas com alegria, música, dança, etc.; para caracterizar uma situação confusa, na qual as pessoas estão em desentendimento, ou ainda para falar de um tumulto, uma algazarra.

GANDAIA • Farra. Bagunça. "Cair na gandaia" é o mesmo que "atolar o pé na jaca", festejar sem limites.

GARAPA • Chamar um alimento de garapa significa que ele está muito doce.

GOROROBA • Uma comida feita com a mistura de muitas coisas. Normalmente designa uma comida ruim.

IAIÁ/INHÔ • Patroa; patrão. Expressões que têm origem no período colonial.

INHACA • Mau cheiro, odor muito ruim e que não sai por nada. É o mesmo que "catinga".

JABÁ • Carne do sertão, charque, carne-seca.

LAMBANÇA • Vem da expressão "ficar lambuzado". Usada também como sinônimo de desordem, bagunça, enrolação.

LAMBUJA • Dar de lambuja significa dar algo a mais que o combinado em uma negociação. O mesmo que fazer uma graça, ou dar um agrado.

LENGA-LENGA • É o mesmo que "encher linguiça". Conversa repisada, repetida.

LERO-LERO • Enrolação, conversa fiada. Palavreado vazio.

MANDINGA • É o mesmo que bruxaria, feitiço, encantamento.

MAINHA • Forma muito carinhosa que o baiano tem de chamar sua mãe. Também é usada para chamar alguém por quem se tem muito carinho e respeito.

MANGUE • "Esculhambação". Usa-se para designar um ambiente muito bagunçado, por exemplo. ("Não consigo começar a trabalhar com esse mangue aqui na mesa!")

MASSA • Diz-se de algo muito bom, sensacional.

MELOSO • Uma pessoa muito "grudenta", carente, que "não larga o osso".

ORIXÁ • Cada uma das divindades cultuadas nas religiões de matriz africana, que representam as forças da natureza.

OUSADIA • Tomar liberdade com outra pessoa.

OVO GÔRO • Ovo apodrecido.

PERU • Diz-se de uma pessoa dedo-duro ou puxa-saco.

PERUAR • Significa se meter no assunto alheio. Dar palpite onde não é chamado

PINGA • É o mesmo que cachaça. Durante muito tempo, os negros escravizados, banhados em suor, giravam manualmente as rodas dos engenhos de açúcar e, do vapor originário da fervura do caldo da cana, escorria pela parede e pingava do teto (daí o nome "pinga").

PIRÃO • Papa feita a partir de um caldo bem temperado e engrossado com farinha de mandioca (ou com a própria mandioca). Serve como acompanhamento para peixes, carnes, camarões, rabada, etc.

PRECEITO • Regra, aquilo que se aconselha fazer ou praticar nas religiões. Diz-se que uma comida é de preceito quando ela é feita dentro das regras da liturgia da religião.

PRESENTE (OFERENDA) DEVOLVIDO • Quando uma pessoa é chamada de "presente devolvido", refere-se a alguma característica ruim, negativa a respeito dela. A expressão está ligada ao fato de que, no dia de Yemanjá, são colocados presentes para ela no mar, e o que ela não gosta, devolve para a praia.

QUEBRA-QUEIXO • Doce feito basicamente de coco e açúcar, que recebeu esse nome por ser de difícil mastigação: quando se come muito o queixo fica doído, quase com a sensação de que vai se quebrar. É comumente vendido nas ruas de Salvador em tabuleiros.

QUITUTEIRA • Chama-se de quituteira a pessoa que cozinha muito bem.

QUIZILA • Algo que faz mal. Na maioria das vezes, o termo está ligado aos alimentos proibidos para cada Orixá.

QUIZUMBA • "Confusão da zorra", briga feia.

RAINHA • Forma carinhosa de se chamar uma mulher, como uma deferência.

RAINHA DA COCADA • Usado de forma irônica para falar de alguém que se acha a melhor pessoa de todas. "A boazinha".

RAPAZ • Palavra utilizada em todas as frases, antes de uma explicação, independentemente do gênero de quem perguntou. Por exemplo: a filha pergunta "Mainha, como se faz mingau?", a mãe responde: "Rapaz, não sei, não!".

REI • Qualquer homem, na Bahia, pode ser chamado de "meu rei".

REQUENGUELA • Estar na requenguela é não ter dinheiro algum. É o mesmo que estar duro, "na pindaíba".

RETADO • Pode ter muitos significados. Por exemplo, pode ser sinônimo de zangado, chateado, muito bravo ("fulano tá retado com você!"), ou pode ser usado para qualificar alguém que é muito inteligente, que faz algo bem feito, ou ainda alguém poderoso ("Fulano é retado!"). Também pode dar sentido de quantidade, por exemplo: "Rapaz, em Salvador está fazendo um calor retado!".

RODAR A BAIANA • Brigar, fazer um escândalo. É o mesmo que "descer do salto", "soltar os cachorros".

ROUPA VELHA • Chama-se assim a mistura das sobras de alimentos do dia anterior engrossados com farinha.

SAIDEIRA • É o último de tudo: a última cerveja, a última dança, o último momento da festa, do encontro. O inverso de "abrideira".

TÁ LASCADO! • É o mesmo que "está ferrado". Significa se dar mal, estar em maus lençóis.

TÁ REBOCADO • Significa "está confirmado".

XIMBICA • Chama-se assim a galinha magra. Nome dado também a uma mulher muito magrinha e miúda.

ZIQUIZIRA • Doença ou mal-estar cujo nome não se conhece. Má sorte, urucubaca.

ZOEIRA • "Bagaceira", confusão.

ZOMBAR • Significa tratar com descaso, escarnecer.

SOBRE AS AUTORAS

TEREZA PAIM

Chef baiana premiada como Embaixadora da Cozinha Baiana e reconhecida internacionalmente como grande pesquisadora dessa gastronomia.

Autodidata, Tereza iniciou suas experiências com a cozinha ainda na infância e nunca mais se distanciou das panelas. Faz uso de técnicas gastronômicas do mundo e apresenta a releitura de pratos tradicionais, sempre valorizando suas raízes.

No comando de seu restaurante no Rio Vermelho, Casa de Tereza, templo de Yemanjá, Tereza recebe baianos e turistas e propicia a eles o experimento de uma Bahia elegante. O aspecto acessível e puro de sua cozinha se deve à sua trajetória de vida, que se destaca pela imersão com a terra, com pessoas simples e com as riquezas do plantar, cultivar, colher e fazer. Salvador-Recôncavo e o sertão baiano são as casas de Tereza, lugares que têm seus sabores, costumes e culturas inclusos em sua cozinha. Seu trabalho tornou-se ferramenta de resgate e inclusão social dos produtores regionais e divulgação dos produtos e da história da Bahia.

SONIA ROBATTO

Também baiana, a jornalista e escritora Sonia Robatto foi responsável pela criação de grandes projetos editoriais para empresas como Abril, Bloch, Três, Abril Cultural, Saraiva, entre outras. É apaixonada por sua terra e por seu povo, por isso seu trabalho está sempre direcionado para a pesquisa e o registro dos hábitos culturais do brasileiro.

Nos anos 1960, Sonia voltou-se para as artes cênicas e fundou a primeira Companhia de Teatro Profissional da Bahia e o Teatro Vila Velha. Ao longo de sua carreira, foi autora de quatrocentas histórias infantis, publicadas em livros, revistas, fascículos, e também de peças teatrais. Ainda para este público, criou e dirigiu a revista *Recreio* (Editora Abril). Em São Paulo, já nos anos 1980, fundou a Editora e Estúdio Robatto, com equipes especializadas em redação, artes gráficas e cozinha experimental, criando novas receitas para fábricas de alimentos, bem como filmes e fotos para televisão, livros e revistas.

Com a colaboração direta de seu marido, o jornalista Caloca Fernandes, desenvolveu projetos de grande relevância sobre a gastronomia brasileira, entre eles *Viagem gastronômica através do Brasil* e *Culinária paulista nos restaurantes dos hotéis Senac São Paulo*, realizados em parceria com a Editora Senac São Paulo; bem como *O gosto brasileiro: as mais famosas receitas das nossas avós*, com 12 volumes; e *Um, dois, feijão com arroz: os segredos do arroz/feijão*.

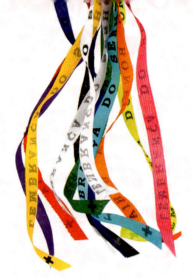

ADMINISTRAÇÃO REGIONAL DO SENAC NO ESTADO DE SÃO PAULO
Presidente do Conselho Regional: Abram Szajman
Diretor do Departamento Regional: Luiz Francisco de A. Salgado
Superintendente Universitário e de Desenvolvimento: Luiz Carlos Dourado

EDITORA SENAC SÃO PAULO
Conselho Editorial: Luiz Francisco de A. Salgado
　　　　　　　　　Luiz Carlos Dourado
　　　　　　　　　Darcio Sayad Maia
　　　　　　　　　Lucila Mara Sbrana Sciotti
　　　　　　　　　Luís Américo Tousi Botelho

Gerente/Publisher: Luís Américo Tousi Botelho
Coordenação Editorial: Ricardo Diana
Prospecção: Dolores Crisci Manzano
Administrativo: Verônica Pirani de Oliveira
Comercial: Aldair Novais Pereira

Edição e Preparação de Texto: Gabriela Lopes Adami
Copidesque: Gustavo Grangeiro
Coordenação de Revisão de Texto: Janaina Lira
Revisão de Texto: Daniela Pita, Rogério Salles
Projeto Gráfico, Editoração Eletrônica e Capa: Antonio Carlos De Angelis
Fotografias: Luna Garcia | Estúdio Gastronômico (exceto pág. 109: Fundo Silvio
　　　　　　Robatto do Centro de Memória da Bahia/Fundação Pedro Calmon;
　　　　　　págs. 1-6, 8-9, 16-17, 33, 108, 110-111, 134-137, 192, 200: iStock)
Coordenação de E-books: Rodolfo Santana
Impressão e Acabamento: Visão Gráfica

Proibida a reprodução sem autorização expressa.
Todos os direitos reservados à
Editora Senac São Paulo
Av. Engenheiro Eusébio Stevaux, 823 – Prédio Editora
Jurubatuba – CEP 04696-000 – São Paulo – SP
Tel. (11) 2187-4450
editora@sp.senac.br
https://www.editorasenacsp.com.br

© Editora Senac São Paulo, 2018

Dados Internacionais de Catalogação na Publicação (CIP)
(Jeane Passos de Souza – CRB 8ª/6189)

Paim, Tereza
　　Na mesa da baiana: receitas, histórias, temperos e espírito tipicamente baianos / Tereza Paim e Sonia Robatto. – São Paulo : Editora Senac São Paulo, 2018.

　　ISBN 978-85-396-2449-2 (impresso/2018)
　　e-ISBN 978-85-396-2450-8 (ePub/2018)
　　e-ISBN 978-85-396-2451-5 (PDF/2018)

　　1. Gastronomia brasileira　2. Culinária brasileira
3. Culinária baiana　4. Receitas　I. Título.　II. Robatto, Sonia.

18-806s　　　　　　　　　　　　　　CDD-641.598142
　　　　　　　　　　　　　　　　　　BISAC CKB099000

Índice para catálogo sistemático
1. Gastronomia brasileira : Culinária baiana　　641.598142